中社
智库

新时代智库出版的领跑者

国家智库报告 2022（5）
National Think Tank

经　济

中国宏观经济与财政政策分析报告（2021）

闫　坤　等著

THE ANALYSIS OF CHINA'S MACRO ECONOMIC
SITUATION AND FISCAL POLICY (2021)

中国社会科学出版社

图书在版编目（CIP）数据

中国宏观经济与财政政策分析报告.2021／闫坤等著.—北京：中国社会科学出版社，2022.4

（国家智库报告）

ISBN 978 - 7 - 5203 - 9878 - 7

Ⅰ.①中…　Ⅱ.①闫…　Ⅲ.①中国经济—宏观经济—经济分析—研究—2021②财政政策—政策分析—中国—2021　Ⅳ.①F123.16②F812.0

中国版本图书馆 CIP 数据核字（2022）第 040690 号

出 版 人	赵剑英	
项目统筹	王 茵	喻 苗
责任编辑	刘凯琳	党旺旺
责任校对	王 龙	
责任印制	李寡寡	

出　　版	中国社会科学出版社
社　　址	北京鼓楼西大街甲 158 号
邮　　编	100720
网　　址	http://www.csspw.cn
发 行 部	010 - 84083685
门 市 部	010 - 84029450
经　　销	新华书店及其他书店

印刷装订	北京君升印刷有限公司
版　　次	2022 年 4 月第 1 版
印　　次	2022 年 4 月第 1 次印刷

开　　本	787×1092　1/16
印　　张	10.25
插　　页	2
字　　数	135 千字
定　　价	59.00 元

凡购买中国社会科学出版社图书，如有质量问题请与本社营销中心联系调换

电话：010 - 84083683

摘要： 2021 年，是党和国家历史上具有里程碑意义的一年。这一年，中国共产党迎来百年华诞，中国开启了从全面小康奔向共同富裕的伟大历程。中国经济保持平稳较快增长，成为全球经济复苏的强劲引擎。与此同时，全球经济形势更加复杂，疫情变化导致全球经济复苏跌宕起伏；多重因素推动全球通货膨胀持续上升；"用工荒"和"就业难"并存现象阻碍经济复苏；全球贸易复苏力度明显超过经济复苏；能源危机席卷全球。

关键词： 中国宏观经济；全球经济；财政政策；建党百年

Abstract: 2021 is a milestone year in the history of the Party and the country. This year marks the centenary of the Communist Party of China, and China has embarked on a great journey from a moderately prosperous society in all respects to common prosperity. The Chinese economy has maintained steady and fast growth, becoming a strong engine for global economic recovery. At the same time, the global economic has become more complex, and the COVID – 19 pandemic has caused ups and downs in the global economic recovery; Multiple factors are driving up global inflation; The coexistence of labor shortage and employment shortage is hindering economic recovery; The recovery in global trade is much stronger than the economic recovery; The energy crisis is sweeping the world.

Key Words: China's Macro Economy; Global Economy; Fiscal Policy; Centenary of the Founding of the Party

前　言

　　世界经济总因分歧与共谋而跌宕起伏，变幻莫测。为此，"中国宏观经济与财政政策分析"课题组自成立（2008年）以来，以季度为单元，始终关注中国宏观经济的运行和世界经济的发展情况。对各国财政收支及风险情况、宏观调控的搭配框架，以及财政政策的运行和调整方案等做了深入的跟踪分析，形成了系列季度报告。通过对各季度报告的整理编排，2008—2019年十年间课题组每两年出版一本成果，2020年起每年出版一本成果。本报告由课题组2021年度的研究成果整理而成。

　　疫情变化导致全球经济复苏跌宕起伏。受疫情影响，2021年第一季度各国经济出现停滞或衰退，第二季度开始出现爆发性增长，第三季度经济复苏再度因疫情受阻，第四季度经济受管控措施放松影响乐观预期上升。

　　全球经济正经历不均衡复苏，存在不平等状况恶化以及低收入和中等收入国家被落下的风险。新冠肺炎疫情走势尚存不确定性，很多国家的疫苗接种面临障碍。低收入和中等收入国家面临严重脆弱性，需要更强有力的政策、制度以及资源来增强其韧性。更值得关注的是低收入发展中国家的贫困问题。世界银行研究发现，在全球经济复苏的背景下，贫困国家经济并未获得同等程度的复苏，或者说全球复苏进程正绕过最贫困国家，它们面临深度且长期的贫困危机和社会不平等持续扩大的挑战。收入下滑已转化为全球贫困率的激增。受疫情影响，全球约有9700万人每天以不到1.9美元维生，这使得全球贫困率从7.8%增至9.1%。据估计，全球在终结极端贫困方面已经丧失了3—4年取得的进展。

2021年，全球供应链和研发格局的分布开始由效率导向更大程度转向安全导向。一些国家强调"国家安全"优先，转而把所谓技术含量高的环节保留在国内。供应链的短缺，尤其是芯片、能源等重要物资的供应不足，带来了全球通胀风险。一方面，美欧央行放弃了利率目标工具，采用量化宽松货币政策，货币供应量大增；另一方面，受损供应链不能很快修复，而全球对这些重要物资的需求旺盛。

尽管存在供应链收缩、通胀、能源短缺等问题，全球贸易复苏力度明显超过经济复苏。2021年10月，国际货币基金组织下调了美国及全球经济增速，与此同时，世界贸易组织则将全球货物贸易增速由之前的8%上调至10.8%，一降一升形成了鲜明对比，各国尤其是美国经济刺激政策对全球贸易的增长产生重要影响。

百年未有之大变局加速演变。相比全球经济增长的放缓和不平衡，中国经济增长速度更快、更均衡。从国内经济来看，中国经济结构优化，质量和效益明显提升。2021年，中国经济增长8.1%，两年平均增长5.1%，保持中高速增长；人均GDP达到12551美元，接近世界银行认定高收入国家的门槛值12695美元，超过世界人均GDP（约为1.21万美元）。从外贸外资形势来看，2021年中国货物贸易进出口总值39.1万亿元，同比增长21.4%，首次突破6万亿美元关口；稳健向好的经济基本面、完善的产业链供应链支撑、持续优化的营商环境等成为吸引外资的积极因素。

当前的增长速度延续下去，可以基本完成2035年远景目标。根据党的十九届五中全会精神以及国家"十四五"规划相关内容，2021—2035年经济增长目标大致可归结为三条：到

2035 年，GDP 相比 2020 年翻番，人均 GDP 相比 2020 年翻番，人均 GDP 达到中等发达国家水平。要实现这三个目标，2021—2035 年，每 5 年中国平均经济增速分别至少达到 4.6%、4.8% 和 5.5%。2021 年两年平均 5.1% 的增速可以实现前两个目标。考虑到疫情大概率不会延续到 2035 年，所以在疫情之后中国经济增速完全有潜力提高到 5.5% 并顺利实现第三个目标，即圆满实现 2035 年远景目标。

　　2022 年将迎来党的二十大，经济稳定增长具有十分重要的意义。财政是国家治理的基础和重要支柱，财政政策是宏观政策的重要组成部分。2021 年 12 月召开的中央经济工作会议把"稳字当头、稳中求进"定为 2022 年中国经济工作的主基调，并且连提 25 个"稳"、30 个"进"。会议提出，政策发力适当靠前，继续实施积极的财政政策和稳健的货币政策，积极的财政政策要提升效能，更加注重精准、可持续。会议的一系列部署，指明了 2022 年积极财政政策的方向路径，推动财政政策更好为加快形成新发展格局提供有效支撑。我们相信，在党中央的正确领导下，以积极财政政策等宏观经济政策为保障和支撑，中国各类市场主体和个人一定可以有效应对疫情冲击和国外复杂经济形势，取得 2022 年经济稳健增长目标，为党的二十大召开营造平稳健康的经济环境、国泰民安的社会环境、风清气正的政治环境。

目　录

2021 年第一季度中国宏观经济与财政政策分析报告
——中美间"逆周期"与"修复表"的非对称调整 …… （1）
一　从维护资产负债表的稳定转向"逆周期"调节的
　　美国 ……………………………………………… （2）
二　从全面支撑经济平稳运行转向"修表"的可持续
　　发展 ……………………………………………… （22）
三　以构建新发展格局为抓手，形成中美博弈中的
　　占优策略 ………………………………………… （31）

2021 年第二季度中国宏观经济与财政政策分析报告
——中国经济回归潜在增速，调控政策须把握
　　时度效 …………………………………………… （44）
一　全球经济复苏曙光初现，结构性风险不容忽视 …… （46）
二　中国经济加速复苏，消费需求相对滞后 ………… （54）
三　财政收入增速加速恢复，资金使用效率明显
　　提升 ……………………………………………… （62）
四　下半年和中长期中国经济增速判断 …………… （66）
五　优化财政货币政策，防范经济金融风险 ……… （70）

2021 年第三季度中国宏观经济与财政政策分析报告

  ——中国经济均衡增长与财政政策优化思路 ………… （76）

 一 全球经济复苏之路不均衡、分化和断层 ………… （78）

 二 第三季度中国经济均衡增长 ………………… （88）

 三 未来经济增长压力大但足以实现 2021 年及 2035 年

   远景目标 ………………………………… （97）

 四 财政收入平稳，税制改革提速 ………………… （98）

 五 优化财政政策，提高经济发展质量的政策建议 … （102）

2021 年第四季度中国宏观经济与财政政策分析报告

  ——应对需求收缩压力，加强财政货币政策协同

   联动 …………………………………………… （106）

 一 全球经济复苏节奏放缓，蕴藏风险不容忽视 …… （108）

 二 中国经济平稳复苏，需求收缩压力较大 ………… （118）

 三 财政收入增收明显，支出精准性进一步提升 …… （133）

 四 2022 年全球和中国宏观经济展望 ……………… （136）

 五 强化财政货币政策协同，兼顾逆周期和跨周期

   调节 …………………………………………… （143）

参考文献 …………………………………………… （148）

2021 年第一季度中国宏观经济与财政政策分析报告

——中美间"逆周期"与"修复表"的非对称调整

内容提要：第一季度，中美两国经济都进入到明显的复苏期，但支持经济复苏的宏观经济政策形成了非对称调整的局面：中国由适度的经济刺激转向居民、政府的资产负债表的"修表"，而美国则由对居民、企业资产负债表的稳表，转向经济刺激。这种态势使中国处于战略占优的地位，但也暴露出传统发展格局的短板和脆弱性。以畅通国内大循环为主体，促进国内国际双循环，构建中国新发展格局成为有效应对中美经贸争端并提升发展与安全的关键举措。

2021 年第一季度，中美两国的经济指标都走出了超过市场预期的增长曲线，成为引领和推动世界经济复苏的重要力量，也开启了中美两国经济竞争合作的新局面。中国第一季度的经济增速高达 18.3%，以 2020 年第一季度经济增速为 −6.8% 进行核算，相对于 2019 年的正常值增长 10.3%，经济运行平稳有序。但受到债务规模较大、金融风险较为突出等问题的影响，为构建新发展格局，畅通国内大循环，中国启动了以政府资产负债表为先导、居民资产负债表为主体的"修复工程"，以支持经济长期稳定发展。美国第一季度的经济增速也令人瞩目，经济年化增速高达 6.4%，人均消费支出增长（年化值不变价）11.9%，投资总额增长（年化值不变价）4.5%，家庭和企业资产负债表的总体状况保持稳定，对经济增长的支撑作用明显。但受到职工收入增长缓慢，体验性、尝试性等高端消费短缺，制造业复兴计划带来的基础设施供给不足等问题的影响，美国亟须对经济实施"逆周期"调节，以稳定复苏局面。中美两国在经济总体步入复苏阶段的大环境下，根据各自的实际情况，分别选择以"修复表"和"逆周期"作为推动经济稳定增长的驱动力量，有其合理的内涵，但也形成了非对称调整的新矛盾。

关键词： 逆周期　非对称调整　中美经贸争端

2021 年第一季度（以下简称"第一季度"），中美两国的经济指标都走出了超过市场预期的增长曲线，成为引领和推动世界经济复苏的重要力量，也开启了中美两国经济竞争合作的新局面。中美两国在经济总体步入复苏阶段的大环境下，根据各自的实际情况，分别选择以"修复表"和"逆周期"作为推动经济稳定增长的驱动力量，有其合理的内涵，但也形成了非对称调整的新矛盾。以畅通国内大循环为主体，促进国内国际双循环，构建中国新发展格局成为有效应对中美经贸争端，并提升发展与安全的关键举措。

一　从维护资产负债表的稳定转向"逆周期"调节的美国

与其他主要经济体不同的是，美国经济最大的基本盘不是生产性企业，而是居民资产负债表的稳定和持续改善。从分配端看，美国 GDP 的 77% 左右的价值是配置给家庭的，而企业和政府则分别只占 9% 和 13% 左右，家庭资产负债表的状况对于美国消费和投资形势的稳定具有举足轻重的作用。从总体上看，到 2021 年第一季度，美国已经基本完成了居民资产负债表的"稳表"任务，开始转向全面的"逆周期"调节，以弥补总需求短板，并改善总供给的基本环境。

（一）美国经济运行与资产负债表的修复

第一季度，美国经济增速高达 6.4%（年化值不变价），总体呈现出平稳增长的良好局面。从结构上看，第一季度美国居民消费支出规模（年化值不变价）达 15.4 万亿美元，已超过了衰退前 14.9 万亿美元的水平；投资总额（年化值不变价）达到 4.7 万亿美元，较衰退前的 4.5 万亿美元也有一定的增长；贸易总额达到 13725 亿美元，超过了衰退前的 13314 亿美元[①]。良好局面背后的支撑力量是保持稳定的居民和企业资产负债表，从而使美国经济复苏具备了可持续的基础，并为美国下一阶段的经济刺激准备了空间和条件。

1. 经济增速明显回暖，"三驾马车"表现良好

第一季度，美国经济总量（年化值现价）达到 220489 亿美元，超过了 2019 年第四季度（年化值现价）的 217474 亿美元；在剔除通货膨胀后，第一季度的实际 GDP 规模也达到了 190876 亿美元（年化值不变价），仅较 2019 年第四季度的实际 GDP 减少1664 亿美元（年化值不变价），经济增速也达到了 6.4%，即使考虑同比因素的影响，也总体进入到良性增长区间（见图 1 – 1）。

最终消费是影响美国经济运行的主要驱动力量。从个人消费支出的总额（年化值不变价）来看，第一季度的个人消费支出总额达到 154016 亿美元，超过 2019 年第四季度的 147963 亿美元，增速达到 4.1%。从剔除通胀影响后的人均消费支出（年化值不变价）的情况来看，第一季度的人均消费支出为 40282 美元，基本接近 2019 年第四季度的 40566 美元的水平，消费支出恢复情况良好。从结构上看，第一季度的人均商品消费支出（年化值不变价）达

---

① 严格来讲，2020 年第一季度美国经济已进入衰退期，但从对外贸易的情况看，受到相关冲击滞后性的影响，仍处于正常水平。

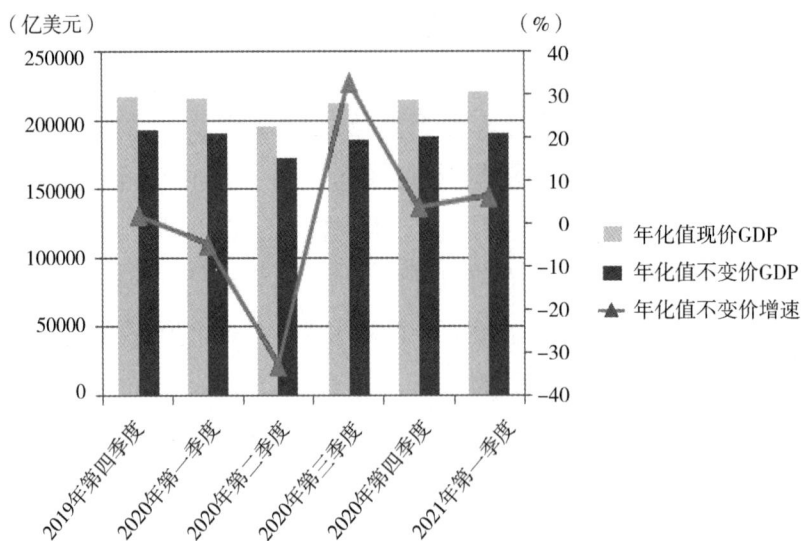

图 1 - 1　美国 GDP 规模与增速情况

资料来源：美国经济分析局（BEA）。

到 16354 美元，已超过 2019 年第四季度的 14617 美元，其中耐用
消费品的支出明显增加，达到 6663 美元，超过 2019 年第四季度的
支出水平 5503 美元；但人均服务消费支出只有 24451 美元，仍明
显低于 2019 年第四季度的 26079 美元。具体情况见表 1 - 1。

表 1 - 1　　　　　美国人均消费支出（年化值不变价）情况　　　　单位：美元

时期	人均消费支出	人均商品支出	人均耐用品支出	人均非耐用品支出	人均服务支出
2019 年第四季度	40566	14617	5503	9169	26079
2020 年第一季度	39810	14605	5317	9318	25386
2020 年第二季度	35951	14178	5288	8936	22149
2020 年第三季度	39122	15596	6139	9548	23972
2020 年第四季度	39294	15520	6114	9498	24190
2021 年第一季度	40282	16354	6663	9817	24451

资料来源：美国劳工统计局（BLS）。

从投资完成额的情况来看，第一季度美国的投资完成额（年化值）达到47094亿美元，超过了2019年第四季度的45054亿美元，增速达到4.5%，呈现出明显的扩张态势（见图1-2）。从投资主体的构成上看，居民投资呈明显上升趋势，由

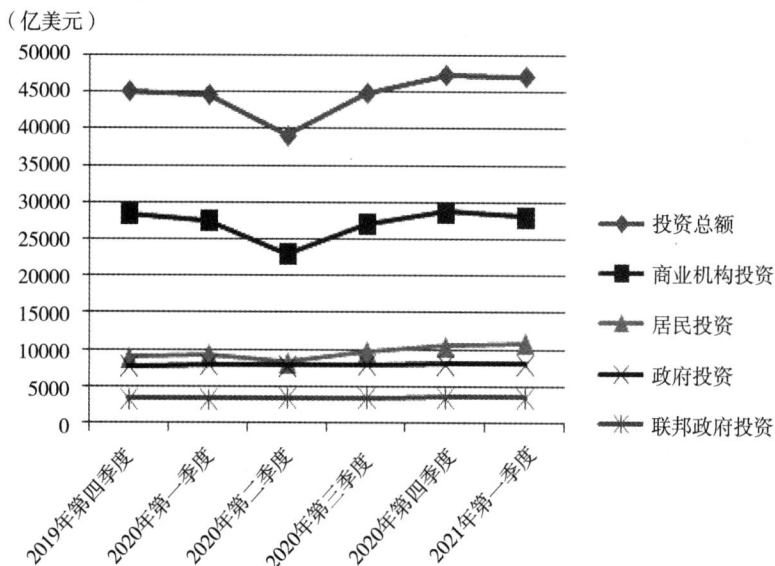

图1-2 美国投资情况
资料来源：美国经济分析局（BEA）。

2019年第四季度的8941亿美元（年化值不变价），增加到第一季度的10871亿美元，增速为21.6%；商业机构的投资基本保持稳定，第一季度的投资规模为28148亿美元，基本持平于2019年第四季度的28385亿美元；政府投资则仅保持了略有增长的水平，由2019年第四季度的7728亿美元增加到第一季度的8076亿美元，而联邦政府的投资也仅从3343亿美元增加到3506亿美元，增速仅为4.9%。因此，尽管特朗普政府大幅度扩大了政府赤字，加大了支出力度，但其目标并非直接刺激经济，而是稳住居民和企业资产负债表的基本面。美国政府先"稳表"后"刺激"的政策路径基本清晰。

第一季度，美国出口形势总体保持稳定，商品出口得到了良好的恢复，而美国富有优势的服务出口受到疫情的影响仍未实现有效恢复（见图1-3）。受到疫情和美国政府大规模维护家庭资产负债表的政策影响，美国的进口量保持持续扩张的局面，从而导致美国贸易逆差的持续加大，这一情势是美国国内经济环境和政策效力的自然结果，从某种程度上也反映了美国经济的健康程度和政策的有效性（见图1-4）。

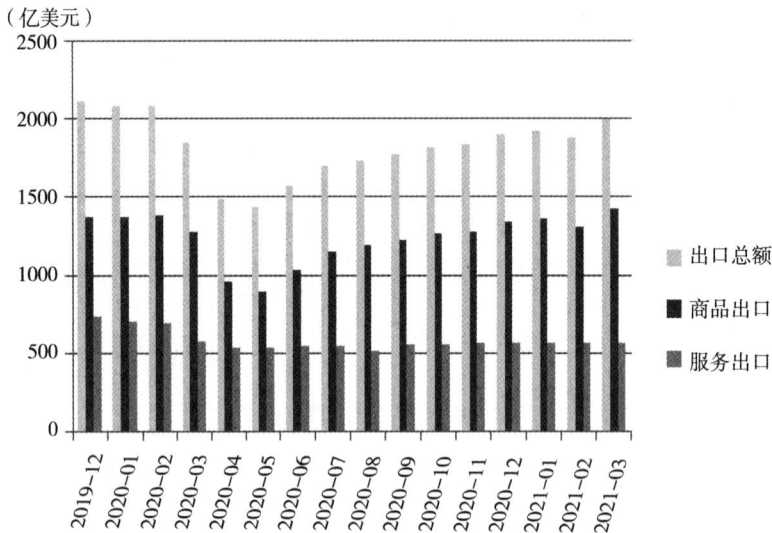

图1-3　美国出口发展情况

资料来源：美国经济分析局（BEA）。

2. 家庭资产负债表状况良好，居民收入稳定增长

第一季度，美国人均收入（年化现价值）为66162美元，约占人均现价GDP的66611美元的99.3%，这一水平远超2019年第四季度的56991美元，及占人均GDP的66064美元的86.1%的情况。受到人均收入增长的影响，美国家庭资产负债表的情况保持稳定。说明美国家庭收入增长空间主要来自于政

（亿美元）

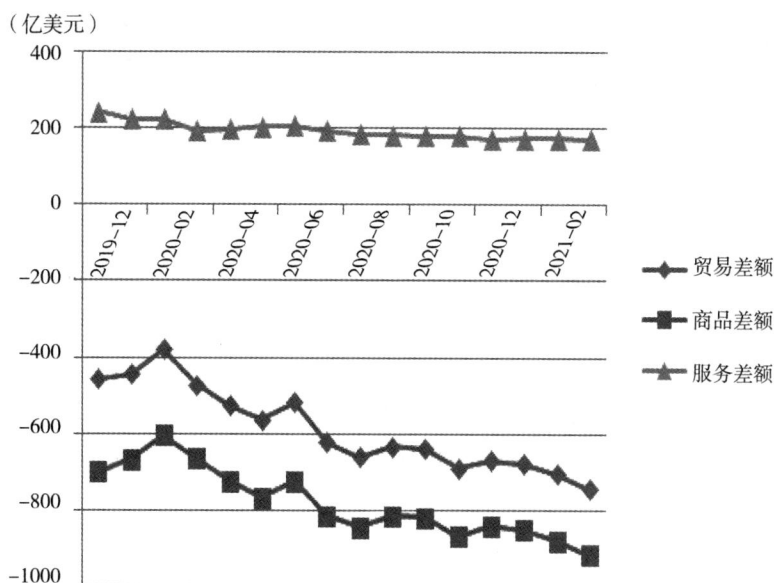

图1-4 美国贸易差额的情况

资料来源：美国经济分析局（BEA）。

府的转移支付，而政府转移支付的收入来源并非来自正常的财政收入，而是大规模的举借债务。美国家庭负债比率和财务负债比率的情况如表1-2所示。

表1-2　　美国家庭负债比率和财务负债比率的情况　　　　单位:%

时期	家庭负债比率	抵押贷款	消费贷款	财务负债比
2019 年第四季度	9.85	4.10	5.75	15.27
2020 年第一季度	9.77	4.07	5.71	15.18
2020 年第二季度	8.80	3.71	5.08	13.73
2020 年第三季度	9.16	3.86	5.30	14.32
2020 年第四季度	9.41	3.97	5.44	14.71

资料来源：美国经济分析局（BEA）。

除政府的收入补贴力度大幅提升之外，美国在岗职工工资收入的持续稳定提高也是推动居民收入增长的重要原因。在每周工时基本稳定的情况下，美国职工的平均周薪从 2019 年 12月的 972.75 美元，提高到 2020 年 3 月的 1045.60 美元，增幅为7.5%，呈现持续稳定增长的良好局面（见图 1 - 5）。

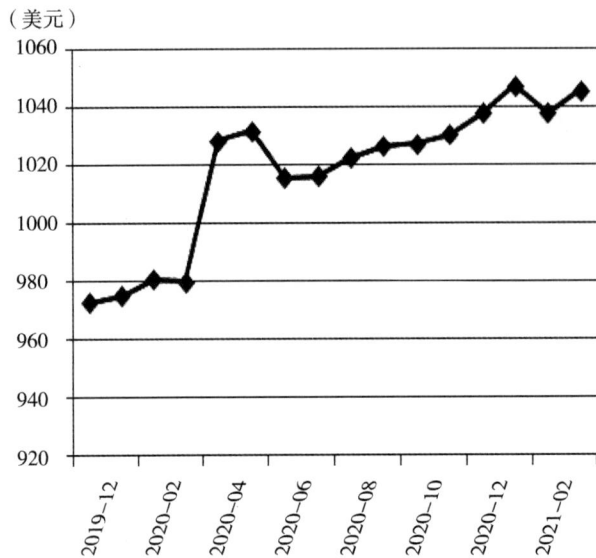

（美元）

图 1 - 5　美国职工工资（周薪）情况

资料来源：美国劳工统计局（BLS）。

在居民收入持续增长的支撑下，家庭资产负债表的基本状况得到了有效维护，在家庭支出结构和利息流量覆盖两个指标上都保持着良好局面。从家庭支出结构来看，家庭消费支出规模（年化现价值）从 2020 年 1 月的 148805 亿美元增加到 2021年 3 月的 154016 亿美元，而家庭利息支出则从 2020 年 1 月的3629 亿美元减少到 2021 年 3 月的 2579 亿美元，消费支出与债务利息支出比值由 2019 年 12 月的 41.0 提高到 59.7，结构上持续优化（见图 1 - 6）。而在利息流量覆盖上，美国家庭的投资利息收入总体保持稳定，2020 年 1 月的利息收入（年化现价值）为 16885 亿美元，而 2021 年 3 月的利息收入仍保持在相近

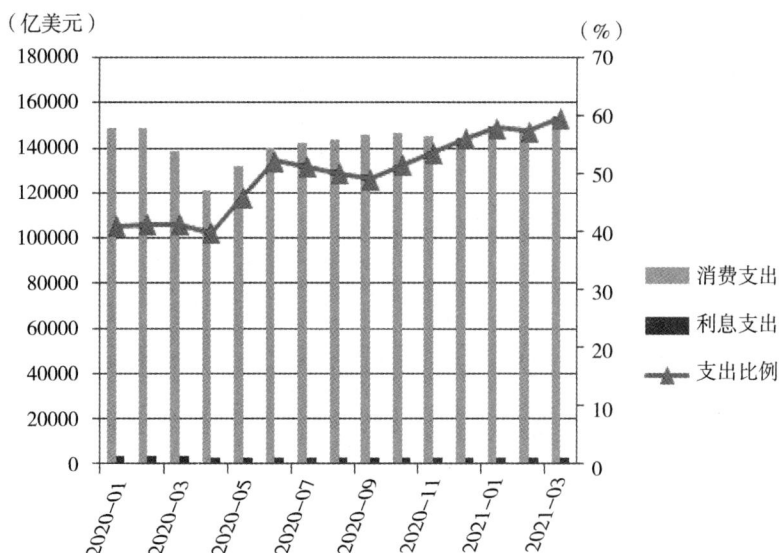

图1-6　美国家庭支出结构

资料来源：美国劳工统计局（BLS）、美国经济分析局（BEA）。

似的水平，达到16567亿美元；利息支出的盈余水平由2020年1月的13256亿美元提高到13988亿美元（见图1-7）。家庭债务利息负担在宏观上并不构成对家庭的流量拖累，从而使家庭收入可以有效地支持消费的稳定和扩张。

3. 企业融资成本得到较好控制，产出能力保持良好

第一季度，美国企业的生产性固定资产投资融资成本保持稳定。受到货币政策预期转紧的影响，美国企业债券的2年期、5年期、10年期和30年期的收益率水平均有所上升，但相较于2020年1月（疫情未蔓延时）的水平仍然偏低（见图1-8）。这说明，美国企业的盈利能力和资产负债表的基本面都保持基本稳定，未形成恶化的情况。

从生产指数来看，美国工业企业、制造业企业的生产能力都得到了有效巩固，并出现趋势性回暖企稳的情况（见图1-

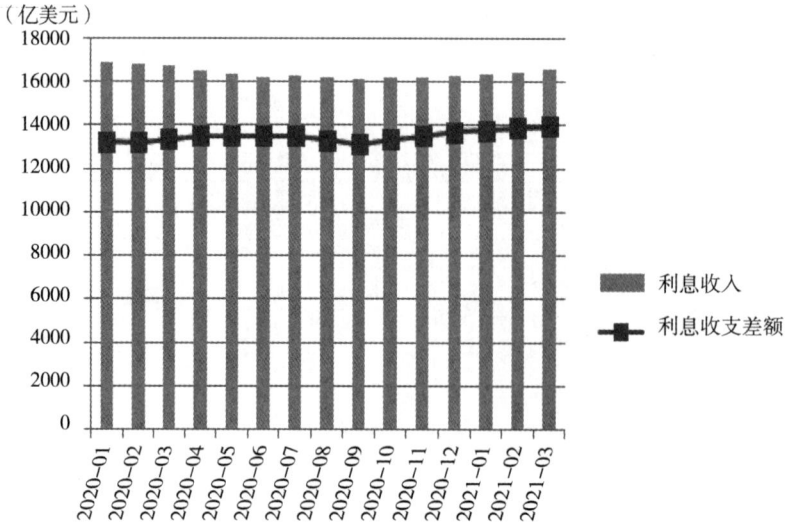

图 1-7　美国家庭利息收入与利息收支差额

资料来源：美国劳工统计局（BLS）。

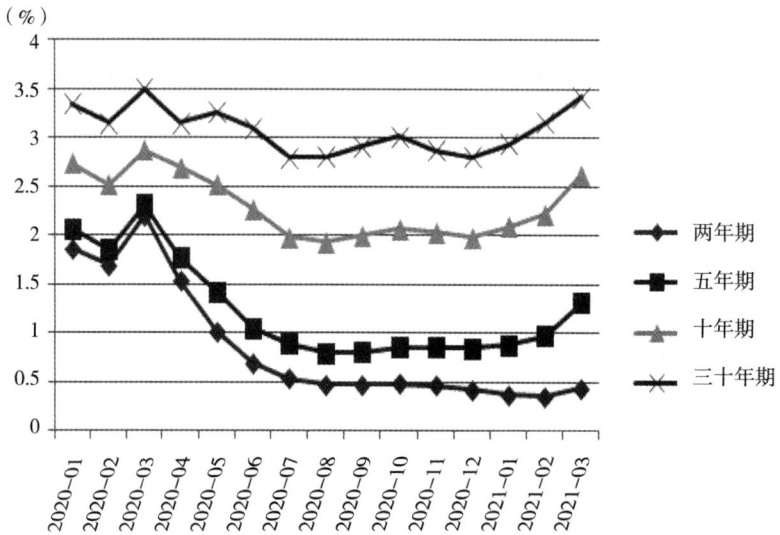

图 1-8　美国企业债券的收益率水平

资料来源：美国经济分析局（BEA）。

9）。从工业生产指数来看，2021 年 3 月的指数值上升到 106.13，制造业生产指数在 2021 年 3 月则达到 105.01，其中技术水平较好的耐用品制造业在 2021 年 3 月的指数值高达 107.82，均呈现出持续扩张的局面（见图 1-9）。而从投资者信心指数（sentix 指数）来看，也呈现出相同的趋势，2021 年 3 月的指数值达到 25.5，已超过了衰退前的最高值 20.3（2020 年 2 月），具体见图 1-10。

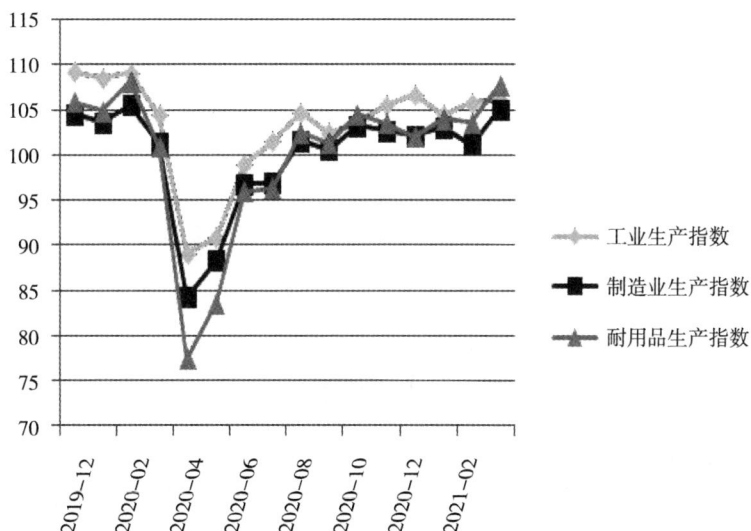

图 1-9 美国工业和制造业生产指数情况

资料来源：美国经济分析局（BEA）。

在预期持续向好的支持下，美国相关产业也出现了明显的恢复性增长，总体运行指标进入到常态化区间。2021 年第一季度，制造业、建筑业、运输仓储业、信息业、金融业、教育卫生业、餐饮住宿等生活服务业的增加值（年化值不变价）分别为 23477 亿美元、9225 亿美元、5988 亿美元、11981 亿美元、47667 亿美元、18788 亿美元和 6962 亿美元，除制造业、运输仓储业、教育卫生业、生活服务业外，其他产业均达到或超过 2020 年第一季度的水平（见表 1-3）。

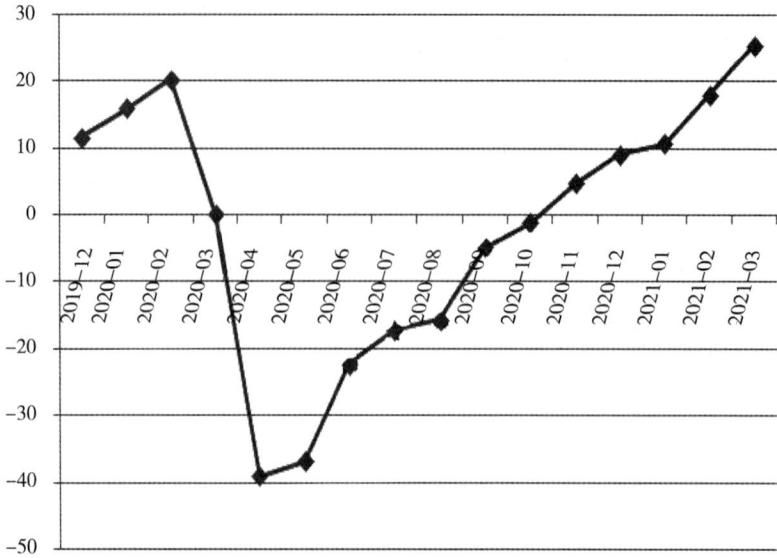

图 1 - 10　美国投资者信心指数（sentix）变化情况

资料来源：美国经济分析局（BEA）。

表 1 - 3 　　　　　　　　　美国相关产业的增加值情况　　　　　　　单位：亿美元

时间	制造业	建筑业	运输仓储业	信息业	金融业	教育卫生业	餐宿生活业
2020 年第一季度	23701	9055	7100	11561	46155	18984	9234
2020 年第二季度	23463	9146	6860	11568	46075	18810	8634
2020 年第三季度	20537	8537	5202	11157	45647	16195	4763
2020 年第四季度	23291	8995	5785	11752	47022	18509	6831
2021 年第一季度	23477	9225	5988	11981	47667	18788	6962

资料来源：美国经济分析局（BEA）。

4. 政府资产负债表压力显著加大，但政策效果较为突出

受到美国联邦政府的稳定居民和企业资产负债表等反危机政策的影响，美国联邦政府开始大规模增加财政赤字，通过加大转移性支出的方式，援助居民家庭和中小企业等，并支持相关大学科学计划和重点创新工程的有效推进。总体上看，尽管美国政府资产负债表的压力显著加大，但初步达到了政策目标，实现了较好的政策效果。

从联邦政府赤字的规模来看，第一季度的赤字规模达到11333亿美元，这一赤字水平超过了2019年全年的9841亿美元。其中，2021年3月的赤字规模达到6596亿美元，是2019年12月赤字规模133亿美元的49.6倍（见图1-11）。从赤字规模和增速上看，美国联邦政府债务压力显著上升，风险有所加大。

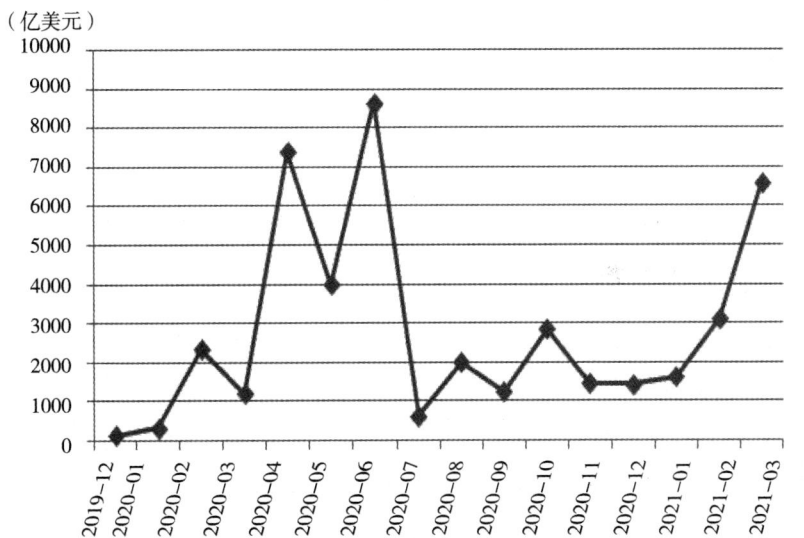

图1-11　美国联邦政府赤字情况

资料来源：美国财政部（DOT）。

从联邦政府的支出结构来看，赤字的增长与转移性支出的加大直接相关。第一季度，联邦政府的转移支出达到15048亿美元，较2019年第四季度增加7467亿美元；转移性支出与消费性支出的比值由2019年第四季度的2.73提高到2021年第一季度的4.97，转移支出的占比明显提高。表1-4展示了美国联邦政府的支出结构情况，可以看出，总体上联邦政府并未直接刺激经济，而是着力于"稳表""修表"，这也为下一阶段的扩张性政策留下的空间和伏笔。

表1-4 美国联邦政府的支出结构情况 单位：亿美元

时期	消费性支出	转移性支出	投资性支出
2019年第四季度	2774	7581	3343
2020年第一季度	2803	7843	3346
2020年第二季度	2928	15746	3367
2020年第三季度	2878	10740	3461
2020年第四季度	2838	9293	3505
2021年第一季度	3025	15048	3506

资料来源：美国财政部（DOT）。

在联邦政府的全力推动下，美国家庭资产负债表和企业资产负债表总体上都得到了较好的维护，也在美国经济复苏中发挥了重要作用。除前述论及的情况外，美国中小企业的情况也值得关注。与大企业的市场控制性、竞争力和稳定性不同，美国中小企业的生存环境压力更大，抵抗风险的能力更差，市场内卷化的程度更高，因此，可能遭遇的损失也更多。从美国中小企业乐观指数的情况来看，复苏进程总体缓慢，并出现了一定程度的波动，但总体上仍可保持平稳（见图1-12），财政货币政策的综合效果较为突出。

（二）财政政策空间与拜登政府"3万亿美元支持计划"

根据前述分析，美国前一阶段的财政政策主要以联邦政府增加赤字，稳定资产负债表和经济基本盘为方向，并取得了较好的政策效果。接下来的问题是，在联邦政府赤字大幅度攀升的背景下，美国的财政政策空间究竟怎样？计划中的"3万亿美元支持计划"如何才能形成平衡，从而在国会获得通过？

由于美国在疫情期间主要通过牺牲政府资产负债表来保持

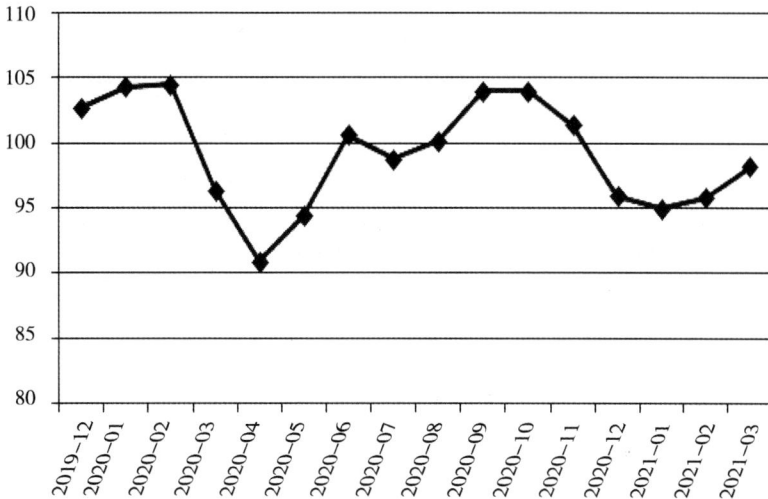

图 1-12 美国中小企业乐观指数的变化情况

资料来源：万德数据库。

家庭和企业资产负债表的平稳，而且这一安排正处于特朗普政府的减税周期之中，因此，大大加重了美国财政压力和风险，财政政策空间受到了显著的压缩。截至第一季度末，美国国债余额已超过 28 万亿美元，按照第一季度 GDP 的年化现价值 20.94 万亿美元进行核算，美国联邦政府的杠杆率已超过 133%，达到了历史最高值。从赤字率来看，2017 年以来，美国赤字率快速上升，并超过 3% 的控制值，而到 2020 财年①的赤字率更是高达 15.2%，超过了次贷危机时期 2009 财年的 9.9%，成为"二战"结束以来赤字率最高的一年。而根据美国国会预算管理办公室（CBO）的预测，2021 财年的赤字在纳入 1.9 万亿美元的纾困计划之后，总量将达到 3.4 万亿美元，超过 2020 财年 3.1 万亿美元的水平，赤字压力还在进一步加大。因此，静态来看，美国联邦政府债务空间已经基本告罄，除非有经济

① 美国财年为前一年度的 10 月 1 日至本年度的 9 月 30 日。下同。

的快速增长或是增收措施，否则，新的"3万亿美元支持计划"无法获批上马①。

拜登政府的现行思路是以美国良好的总需求形势和较稳定的企业竞争能力为基础，通过扩大投资和政府购买的方式，支持相关产业的加快发展，从而推进经济快速增长；与此同时，对相对闲置的收入流量（即无法转化成有效的消费能力或实际投资能力的收入）予以适当加税，以鼓励高收入群体主动扩大实体经济投资或增加消费支出。这种方案，双向并举，总体方向是合适的、有效的，接下就是度的问题，既不能损害经济的活力，又不能导致好不容易稳定下来的资产负债表恶化。

从扩大投资来看，拜登政府计划将约2万亿美元的资金空间用于基础设施建设，其中直接投资约1.45万亿美元，减税等优惠政策形成的税式支出约6500亿美元。从投资重点领域来看，包括应对气候变化、绿色智能交通基础设施、郊区及偏远地区的通信基础设施、半导体产业等，具有明显的基础性和广泛的支撑性，受到美国税制结构的影响，上述投资并不会直接产生联邦税收，即使考虑到施工企业的收益和职工收入的增长，也无法产生令人满意的税收回报。拜登政府的目标是着力于更长时期的回报，通过基础设施的更新和提升，为新兴产业的发展，以及新渠道、新模式、新场景的形成创造条件。这样，拜登政府除非有充足的理由证明现行基础设施的短缺和落后已经严重影响了美国的产业发展和市场主体运营，否则在联邦政府杠杆率达到133%的情况下，仅靠简单的预期是无法说服国会批准该预算的。

从增加政府购买来看，拜登政府将重点放在全民学前教育、免费社区大学、儿童税收抵免，以及为中低收入家庭参加医保

---

① 尽管民主党在国会中占优势，但也仅仅是微弱的水平，如果没有进一步的财政平衡计划，要想达到60%的通过票数，希望渺茫。

提供补贴等。总体上，上述内容均属于公共服务的范畴，增加政府购买只会改善美国中长期的要素禀赋和经济运行环境，短期内也较难见到效益（或者形成的税收收入难以弥补支出缺口）。因此，与投资政策的问题相类似，约为 1 万亿美元的政府购买和税式支出也将给债台高筑的美国联邦政府带来沉重的压力，甚至在拜登政府的第一个任期中也难见缓解，如果没有其他的支持方案，通过国会审批的可能性较小。

平衡预算的关键落在新的税收增长空间和支出节约空间的创造上。拜登政府也给予了上述两点极大的关注力，具体思路是：一是对企业所得税率予以上调，由 21% 上调至 28%，而对跨国公司的海外收入征收的所得税税率由 13% 上调至 21%；二是对单人个人超过 52.3 万美元，家庭总收入超过 63.8 万美元的主体，将个人所得税的最高边际税率由 37% 提高到 39.6%；三是对年收入超过 100 万美元的家庭，将其投资形成的资本利得税按照正常的收入所得进行课税，税负水平约提高 40%。

以 2019 年联邦企业所得税收入 2305 亿美元作为核算基础，上述的税制改革带来的年度增收约为 770 亿美元，10 年形成的税收收入增量约为 10000 亿美元（按年度现价进行核算）。而 2019 年美国个人所得税收入为 17179 亿美元，家庭投资的利息收入总额为 16970 亿美元，按照正态分布测算，联邦政府每年新增的个人所得税收入约 1500 亿美元，预期 10 年形成的税收收入增量约为 20000 亿美元（按年度现价值进行测算）。在 10 年中可以完成对 3 万亿美元本金的覆盖，而按照 10 年期国债收益率（名义利度）1.64% 衡量，3 万亿美元还将在 10 年内产生约 5000 亿美元的利息，这部分风险敞口仍需通过其他节约支出的措施予以抵补。

在节约支出方面，拜登政府将目标锁定在药品价格管理和支出控制上。2021 年 3 月 23 日，民主党议员、联邦参议院预算委员会主席桑德斯举行新一届国会的首次药品价格听证会，直指制药行业的积弊和定价问题，要求成立新的政府机构，对定价过高的药品专利实施强制许可。根据国会预算管理办公室（CBO）的测算，通过药品价格控制安排，可在 10 年内为联邦政府节约 4560 亿美元的支出，这样，大致可以覆盖拜登政府的"3 万亿美元投资计划"。

综上，拜登政府在 1.9 万亿美元的纾困计划得到国会的批准后，受到联邦政府债务压力进一步加大和预算中长期平衡能力不足的影响，新一轮的"3 万亿美元投资计划"存在搁浅的可能。即使国会予以通过，规模也有可能缩小到 2 万亿美元左右，注重实物产出量，保持投资扩张而控制税式支出的规模。

（三）通货膨胀持续上升，美联储货币政策面临调整

尽管美国经济的基本面保持稳定，资产负债表得到了良好的维持，经济的内生动力和潜力空间也比较充裕，但受到前期美国政府稳表和纾困计划，以及预期中的经济刺激计划的影响，第一季度美国通胀压力明显上升，从而使美联储的货币政策面临调整的压力。

第一季度，美国就业形势良好，但通胀压力明显加大。从美联储的货币政策目标来看，存在充分就业有序推进（见图 1－13），物价稳定形势艰难的特点（见图 1－14）。这样，从美联储的货币政策的着力点出发，需要对物价形势进行充分的判断，包括是短期现象还是中长期趋势，是政策性问题还是经济运行中的矛盾，是输入性的还是需求拉动性的，等等，以明确货币政策的取向和具体政策措施的安排。

按照市场的预期方案，美联储对扩张性政策的退出方案是先减少购债，再上调联邦基金利率，然后执行缩表计划，控制和减少市场的流动性总量。这一方案基本上是 2010 年以来美联储在成功应对次贷危机后，扩张性货币政策退出操作的重演。但从目前的情况来看，受到 CPI 迅速上升带来的影响，并考虑到美国"3 万亿美元的投资计划"等战略的实施，美联储有可

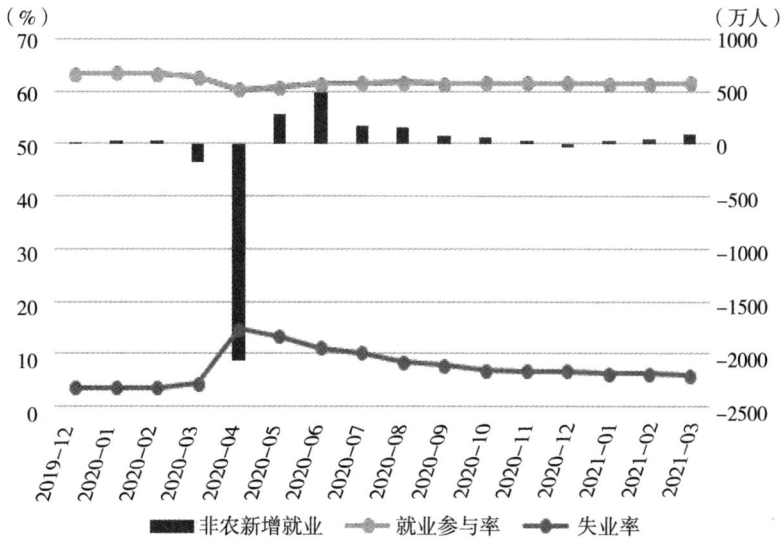

图 1－13 美国新增非农就业、就业参与率和失业率情况

资料来源：美国劳工统计局（BLS）。

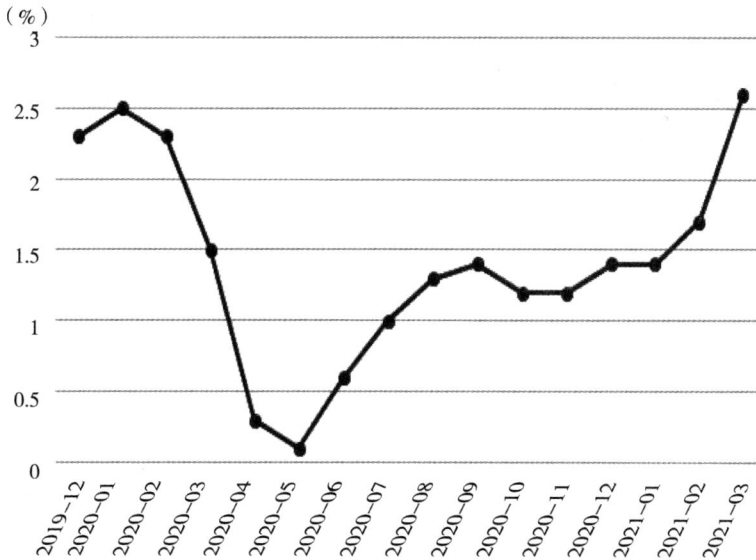

图 1－14 美国 CPI 运行情况

资料来源：美国劳工统计局。

能选择先加息，后减债，最后缩表的方案。

　　从美联储的货币政策资源来看，利率政策的空间和灵活性总体要优于数量型货币政策空间。第一季度，美国的联邦基金利率继续保持在 0—0.25% 的超低水平，而美国家庭的利息收入和支出之间，"黑字"的水平仍在不断提升。3 月末，美国家庭的利息收入（年化值）达到 16567 亿美元，利息支出为 2579 亿美元，息差收入达到 13988 亿美元，这一水平超过 2020 年 1 月的 13256 亿美元。而 2020 年 1 月的个人利息收入则为 16885 亿美元，超过 3 月末 318 亿美元，息差收入反超的原因主要与个人利息支出规模减小相关，2020 年 1 月的个人利息支出规模为 3629 亿美元，而 2021 年 3 月末则为 2579 亿美元，降低了 1050 亿美元，降幅高达 28.9%（见图 1-15）。从这一态势看，美联储加息对美国家庭资产负债表尽管会形成压力，但经济的总体承受力较好，在合理幅度内的加息虽然会降低资产价格，但对财产性收入影响有限，对家庭资产负债表的基本面影响也较为有限。

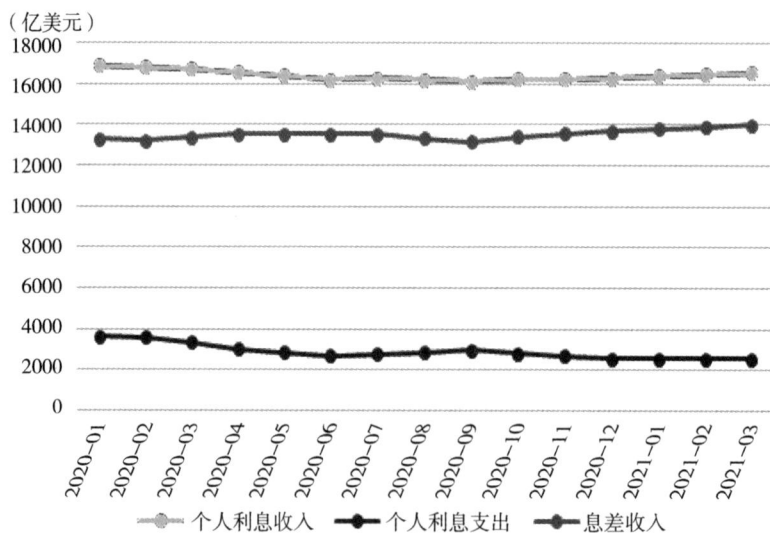

图 1-15　美国家庭利息收支的基本情况

资料来源：美国劳工统计局（BLS）。

　　而从数量型货币政策来看，尽管美联储执行了新一轮的量化宽松计划，每月新购入的国债规模达到 800 亿美元，基础货币的迅速增长保障了美国的流动性需要。受到基础货币快速增长的影响，美国货币乘数有所下降，随着美国经济的复苏和产能恢复，实体经济投资的加速将一定程度上促进货币乘数的上升，但相较于基础货币的直接供给仍存在明显的滞后性和被动性（见图 1-16）。因此，总体上看，美国数量型货币政策空间相对较小，并且总体处于刚性区间。

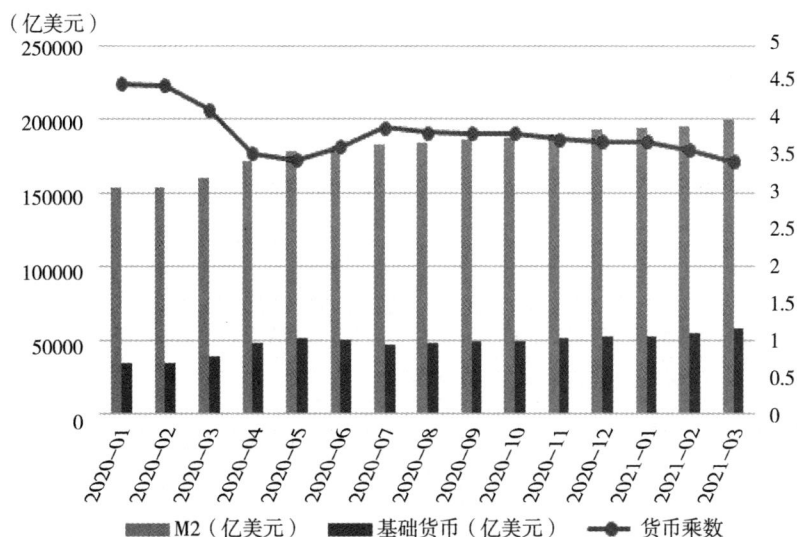

图 1-16　美国货币供应量与货币乘数的情况

资料来源：美联储数据库（FED）。

　　基于上述分析，为有效支撑美国经济的复苏和刺激计划，美联储有可能对货币政策的退出计划选择与次贷危机时期不一致的安排。如先启动加息程序，通过加息抑制资金向房地产市场等领域流动，并利用居民在利息收支上的空间，在稳定收益率的基础上，挤压资产价格泡沫，使得继续推进的购债计划形成的流动性更好的流向实体经济；在此基础上启动减少购债的安排，通过货币乘数的有效恢复，适当抵消基础货币减少的压力，以此维持市场流动性的基本稳定，并通过关键期限国债利率的干预，对目标区间的利率进行干预和调整，以保证干预计划和投资安排的顺利实施。

总体上看，美国第一季度基本完成了稳表的目标，接下来是对疫情恢复期的适当刺激，以加速经济复苏的进行。在此情况下，美国政府必然要采取控制性手段，以防止美国经济刺激带来的外溢效果被中国所获取。中美经贸关系在新阶段面临新的考验。

二　从全面支撑经济平稳运行转向
"修表"的可持续发展

第一季度，中国GDP总量达到249310亿元，按可比价格计算，同比增长18.3%，比2019年第一季度增长10.3%，两年平均增长5.0%，经济增速基本恢复常态，但复苏的基础仍不稳固。突出表现在债务负担较重、国际经济格局仍有脆弱性、经济内生动力不足三个方面，成为当前和今后一个时期中国在经济体制改革与发展中须着力应对的问题与矛盾。

（一）经济已进入正常增长区间，"三驾马车"均有较好的表现

第一季度，中国GDP总量达到249310亿元，按可比价格计算，同比增长18.3%，比2019年第一季度增长10.3%，两年平均增长5.0%。分产业看，第一产业增加值11332亿元，同比增长8.1%，两年平均增长2.3%；第二产业增加值92623亿元，同比增长24.4%，两年平均增长6.0%；第三产业增加值145355亿元，同比增长15.6%，两年平均增长4.7%。总体上，经济总量和三次产业的增长情况都表明中国经济稳定恢复。

从总需求的层面看，尽管"三驾马车"增长速度不一，但

都表现出明显复苏增长的态势。中国消费继续发挥基础性作用，第一季度最终消费对经济的贡献率达到 63.4%，拉动 GDP 增长 11.6 个百分点。社会消费品零售总额 105221 亿元，同比增长 33.9%，两年平均增速为 4.2%；经季节调整，与去年第四季度环比增长 1.86%。消费增速仍然缓慢，但恢复到正增长的状态，并表现出向常态化回归的特点。从消费结构来看，耐用消费品、体验性消费品、享受性消费品的增速明显较高，在规模以上消费品企业的消费结构中，占比达到 73%①，中国消费结构得到了较好提升。

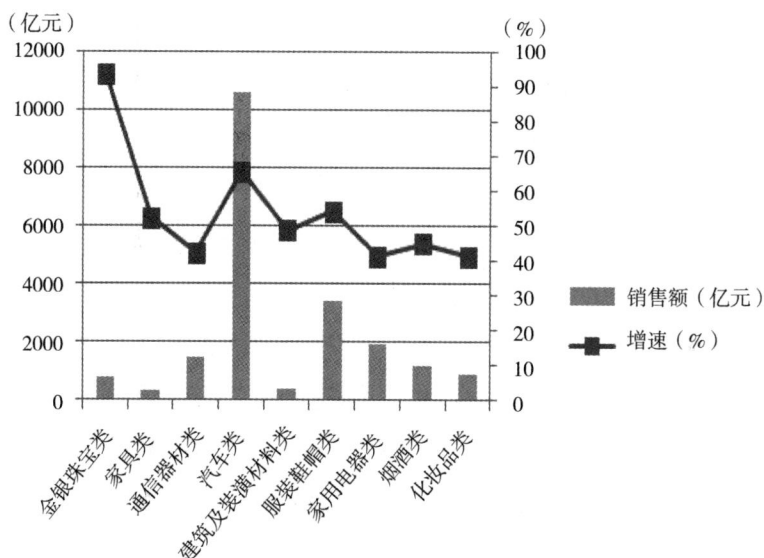

图 1-17　2021 年第一季度中国规模以上企业消费品销售额及增速

资料来源：国家统计局数据库（STATS）。

从固定资产投资的情况看，第一季度，固定资产完成额对经济增长的贡献率达到 24.5%，拉动经济增长 4.5 个百分点。

---

① 这一比例与中国居民消费支出的比例结构相差较大，考虑为规模以上的企业消费结构与总体消费结构的差异，以及服务类消费的影响。

全国固定资产投资（不含农户）达到 95994 亿元，同比增长 25.6%，环比增长 2.06%，两年平均增长 2.9%。分领域看，第一季度基础设施投资同比增长 29.7%，两年平均增长 2.3%；制造业投资同比增长 29.8%，两年平均下降 2.0%；房地产开发投资同比增长 25.6%，两年平均增长 7.6%。全国商品房销售额 38378 亿元，同比增长 88.5%，两年平均增长 19.1%。从结构上看，房地产投资仍然是中国固定资产投资中增速最快的部分，房地产开发投资在固定资产投资中的占比进一步提高；而制造业固定资产投资两年的平均增速为 -2.0%，无论从产能水平、设备更新改造还是工艺提升，都未能达到预期的水平；基础设施的固定资产投资情况总体保持稳定，受到政府对债务管理的强化等措施的影响，增速总体偏缓。固定资产投资结构延续了前两年的走弱态势，未能有效改观。

从出口的情况看，第一季度，出口对经济增长的贡献率为 12.1%，拉动经济增长 2.2 个百分点。在货物进出口上，贸易总额达到 84687 亿元，同比增长 29.2%。其中，出口 46140 亿元，同比增长 38.7%；进口 38547 亿元，同比增长 19.3%。进出口相抵，贸易顺差 7593 亿元。贸易结构继续优化，一般贸易进出口占进出口总额的比重为 61.2%，比上年同期提高 1.3 个百分点；民营企业进出口占进出口总额的比重为 46.7%，比上年同期提高 4.4 个百分点。

（二）就业形势持续改善，物价总体保持平稳，但成本压力逐步加大

第一季度，全国城镇新增就业 297 万人。3 月份，全国城镇调查失业率为 5.3%，比 2 月份下降 0.2 个百分点，比上年同期下降 0.6 个百分点。其中，16—24 岁人口、25—59 岁人口调查失业率分别为 13.6%、4.8%，低龄、低技能劳动者的就业压力偏大。3 月份，全国企业就业人员周平均工作时间为 46.9 小时，总体时间偏长，具有缩短劳动时间、增加就业人数的重要空间。第一季度末，农村外出务工劳动力总量 17405 万人，总体恢复到 2019 年的正常水平，未出现农民工外出就业难的问题。

第一季度，全国居民消费价格（CPI）同比持平。其中，3月份全国居民消费价格同比上涨 0.4%，2 月份下降 0.2%；环比下降 0.5%。第一季度，城市下降 0.1%，农村持平。分类别看，食品烟酒价格同比上涨 0.6%，衣着下降 0.2%，居住下降 0.2%，生活用品及服务下降 0.1%，交通通信下降 1.4%，教育文化娱乐上涨 0.3%，医疗保健上涨 0.3%，其他用品及服务下降 1.1%。在食品烟酒价格中，粮食价格上涨 1.5%；鲜菜价格上涨 4.8%；猪肉价格下降 12.5%。第一季度，扣除食品和能源价格后的核心 CPI 同比持平。物价水平总体保持平稳有序。

但物价上涨的隐忧不容忽视。全国工业生产者出厂价格（PPI）同比上涨 2.1%，其中 3 月份同比上涨 4.4%，涨幅比 2月份扩大 2.7 个百分点，环比上涨 1.6%，成本推进性通胀压力加大。而全国工业生产者购进价格同比上涨 2.8%。其中 3 月份同比上涨 5.2%，涨幅比 2 月份扩大 2.8 个百分点，环比上涨 1.8%。从结构上看，价格涨幅难以直接向消费端传导，产业竞争压力总体加大，产业链、供应链中的中小微企业经营压力加大。

（三）居民收入增长稳定，但居民资产负债表承压明显

第一季度，全国居民人均可支配收入 9730 元，同比名义增长 13.7%，两年平均名义增长 7.0%；扣除价格因素同比实际增长 13.7%，两年平均增长 4.5%，略低于同期经济增速。按常住地分，城镇居民人均可支配收入 13120 元，同比名义增长 12.2%，实际增长 12.3%，新增可支配收入约 1427 元，年化值约 6000 元；农村居民人均可支配收入 5398 元，同比名义增长 16.3%，实际增长 16.3%，新增可支配收入约 757 元，年化值

约 3200 元。从居民债务的情况来看，第一季度，城镇居民的债务规模超过了 70 万亿元，年度利息总额达到约 3.2 万亿元；而城镇居民总人数为 9.02 亿人，预期年度新增收入增量为 5.4 万亿元，尚可形成约 2.2 万亿元的节余。但与 2020 年统筹来看，2020 年城镇居民新增收入与利息支出的差额约为 - 2.5 万亿元，两年合计仍为 - 0.3 万亿元，平均每年为 - 1500 亿元，总体仍然表现出家庭债务负担过重，流动性压力较大的情况。

而具体到收入类型，中国家庭的利息收入主要表现为财产性收入。第一季度，全国居民人均财产净收入 867 元，增长 17.0%，占可支配收入的比重为 8.9%，人均财产净收入的年化值达到约 3500 元，按照第七次人口普查的数据，中国人口总量为 14.12 亿人，人均财产净收入的总额约为 4.9 万亿元，总体超过年度家庭利息支出总额约 3.3 万亿元（将农村居民的 6% 左右的杠杆率考虑在内），2021 年家庭资产负债表的利息收入和利息支出的差额约为 1.6 万亿元，总体稳定。如果将两年的情况考虑在一起，2020 年的人均财产性收入约为 2791 元，按照 14.12 亿人口计算，财产性收入的总量为 3.9 万亿元，而家庭利息支出约为 3.2 万亿元，差额为盈余 7000 亿元。两年合计，家庭利息收入约为 2.3 万亿元，年均 1.15 万亿元，虽然没有形成赤字，但总体空间也明显缩小，年度盈余占利息收入的比例约为 29.8%，而美国同期的比例值约为 84.4%，中国家庭资产负债表的负担仍然偏重。

这一结构，导致中国消费支出增长和消费结构提升压力较大。第一季度，中国居民人均消费支出 5978 元，比上年同期名义增长 17.6%，扣除价格因素，实际增长 17.6%，比 2019 年第一季度增长 8.0%，两年平均增长 3.9%，扣除价格因素，两年平均实际增长 1.4%。消费支出增速尽管为正，但速度较低，远低于同期 GDP 增速 5% 和人均收入增速 4.5%。消费增长总体乏力，对于有效形成构建新发展格局的畅通国内大循环局面的支撑力明显不足，实现最终需求对供给有效拉动的空间不大。

而从消费结构来看，第一季度，全国居民人均食品烟酒消费支出 1986 元，增长 16.3%，占人均消费支出的比重为 33.2%；人均衣着消费支出 437 元，增长 18.4%，占人均消费支出的比重为 7.3%；人均居住消费支出 1345 元，增长 8.7%，占人均消费支出的比重为 22.5%；人均生活用品及服务消费支出 339 元，增长 19.9%，占人均消费支出的比重为 5.7%；人均交通通信消费支出 702 元，增长 16.0%，占人均消费支出的比重为 11.7%；人均教育文化娱乐消费支出 545 元，增长 55.7%，占人均消费支出的比重为 9.1%；人均医疗保健消费支出 484 元，增长 16.1%，占人均消费支出的比重为 8.1%；人均其他用品及服务消费支出 139 元，增长 24.2%，占人均消费支出的比重为 2.3%。从结构来看，必需品类的商品和服务支出约占消费支出总额的 60% 左右，除非单品的消费支出明显提高（物价还必须保持稳定），否则这一结构难以发挥"需求牵引供给"的作用，国内大循环也难以形成"更高水平动态平衡"的有利局面。

（四）企业产出稳步扩张，企业资产负债表的状况有所改善

从存量指标来看，第一季度，规模以上工业增加值同比增长 24.5%，比 2019 年同期增长 14.0%，两年平均增长 6.8%，明显快于同期的经济增速，呈现出良性扩张的局面。3 月末，规模以上工业企业资产总计 128.70 万亿元，同比增长 9.5%；负债合计 72.47 万亿元，增长 9.0%；所有者权益合计 56.23 万亿元，增长 10.1%；资产负债率为 56.3%，同比下降 0.3 个百分点。随着企业的生产扩张，企业资产负债表的存量部分实现了小幅度的改善。

从流量指标看，总体也现出现了一定程度的改善。第一季度，规模以上工业企业实现营业收入 27.48 万亿元，同比增长

38.7%；发生营业成本 22.91 万亿元，增长 36.5%；营业收入利润率为 6.64%，同比提高 2.76 个百分点。规模以上工业企业每百元营业收入中的成本为 83.37 元，同比减少 1.36 元；每百元营业收入中的费用为 8.60 元，同比减少 1.04 元。3 月末，规模以上工业企业每百元资产实现的营业收入为 86.0 元，同比增加 18.1 元；人均营业收入为 152.7 万元，同比增加 40.8 万元；产成品存货周转天数为 18.3 天，同比减少 4.7 天；应收账款平均回收期为 53.8 天，同比减少 10.2 天。

在存量和流量指标都出现改善的情况下，企业资产负债表的总体情况也趋于好转。第一季度，全国规模以上工业企业实现利润总额 18253.8 亿元，同比增长 1.37 倍，比 2019 年第一季度增长 50.2%，两年平均增长 22.6%，整体增速状况良好。但以私营中小企业的情况来看，第一季度实现利润总额 5163.3 亿元，增长 91.9%，两年平均增长只有约 15%，较整体情况仍存在明显的差距。

除此之外，企业的部分流量指标还值得进一步关注。如 3 月末，规模以上工业企业应收账款 16.59 万亿元，同比增长 17.1%，企业的财务负担有所加重，流动性风险累积，尤其表现在小微企业层面；再如，产成品存货 4.73 万亿元，增长 8.5%，由于产成品存货一般为非意愿存货，其规模的扩大，加剧了企业未来的收入流量风险。

企业资产负债表的小幅度改善，为我们进一步引导金融资源流向实体经济创造了重要的基础和条件，而且也证明了中国"发展是安全的保障"的可行性和科学性。但受到流量端仍有较明显隐忧的影响，接下来，既要保持政府支出的适度扩张，又要有效提升居民消费，以保障市场的较为充裕的"流量供应"。

（五）财政收入形势保持稳定，政府资产负债表应着力修复

第一季度，全国一般公共预算收入 57115 亿元，同比增长

24.2%，较 2019 年增长 6.4%，两年平均增速为 3.2%。其中，中央一般公共预算收入 26902 亿元，同比增长 27.2%，较 2019 年增长 6.2%，两年平均增速为 3.0%；地方一般公共预算本级收入 30213 亿元，同比增长 21.7%，较 2019 年增长 6.7%，两年平均增速为 3.3%。全国税收收入 48723 亿元，同比增长 24.8%，较 2019 年增长 4.3%，两年平均增速为 2.1%；非税收入 8392 亿元，同比增长 20.7%，较 2019 年增长 20.7%，两年平均增速为 9.9%。从总体情况看，财政收入形势保持稳定，为政府修复资产负债表提供了重要的支撑。

从收入结构上看，总体表现出存量性税收好于增量性（增加值）税收好于利润性税收的情况（见图 1-18），与经济运行指标的表现并不一致。这说明，中国扩张性的财政政策正在发挥效能，而且对社会资源发挥了重要的引导作用，企业的税费负担明显减轻，生产经营情况持续改善。

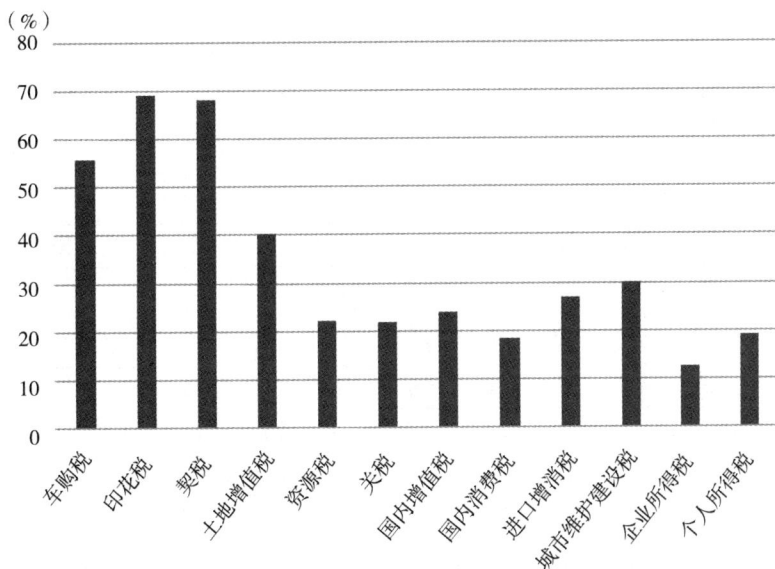

图 1-18 2021 年第一季度相关税种的收入增长

资料来源：财政部数据库（MOF）。

第一季度，全国一般公共预算支出 58703 亿元，同比增长 6.2%。其中，中央一般公共预算本级支出 6676 亿元，同比下降 6.9%；地方一般公共预算支出 52027 亿元，同比增长 8.1%。从绝对值来看，第一季度财政收支缺口约为 1588 亿元，总体压力不大；而增速端也存在收入、支出双下降的态势，即使后期收支缺口的总额会进一步扩张，但仍然形成了难得的修复资产负债表的关键时期——加强债务管理，并化解隐性债务，推动政府资产负债表的有效改善。

从支出结构来看，重点支出得到了有效保障，资金绩效得到了较好提升，"政府过紧日子""人民过好日子"的目标得到了良好支撑（见图 1-19）。值得关注的是，政府的债务付息支出为 1994 亿元，增速高达 27.4%，尽管这一增速随后会略有下降，但总体上仍说明了政府债务负担沉重，资产负债表亟待修复的情况。

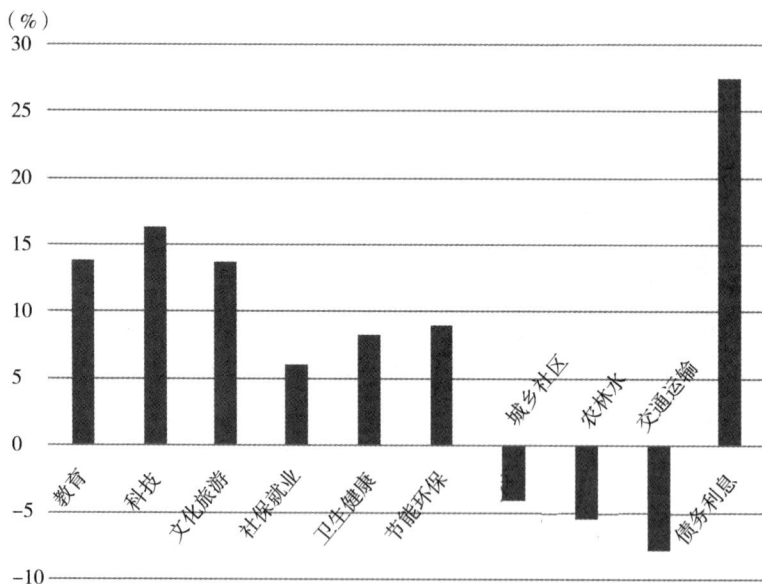

图 1-19　2021 年第一季度财政支出增速情况

资料来源：财政部数据库（MOF）。

政府性基金预算也呈平稳运行的局面，在中央和地方层面都表现出小幅盈余的情况。第一季度，全国政府性基金预算收入18605亿元，同比增长47.9%。分中央和地方看，中央政府性基金预算收入926亿元，同比增长32.9%；地方政府性基金预算本级收入17679亿元，同比增长48.8%，其中，国有土地使用权出让收入16467亿元，同比增长48.1%。全国政府性基金预算支出17331亿元，同比下降12.2%。分中央和地方看，中央政府性基金预算本级支出176亿元，同比下降9.2%；地方政府性基金预算相关支出17155亿元，同比下降12.3%，其中，国有土地使用权出让收入相关支出15653亿元，同比增长24.5%。政府性基金预算的良好状态，为2021年的专项债发行和偿还工作提供了较好的支撑，尽管3.65万亿元的专项债的规模较大，但从偿债能力和空间来看，仍相对充裕，可以支持中国专项债在2022年得到充分使用，并延续到"十四五"中后期的持续平稳运行。

三　以构建新发展格局为抓手，
形成中美博弈中的占优策略

中美两国已率先进入经济的全面复苏期，但受到国情差异的影响，在疫情应对、宏观经济调控和疫情后复苏上形成了非对称性。从战略上看，中国更处在占优地位，但在战术上略显被动；而美国则在战术上更显主动，但战略性并不占优。总体上看，中美两国的大趋势仍是加强合作，"合则两利、斗则俱伤"仍是两国经济关系的总基调。传统发展格局对中国经济发展和国际地位的提高发挥了重要作用，但仍存在着不可忽视的短板和缺陷，亟待构建新发展格局，以更为系统地契合新时代中国经济的发展需要。

（一）中美两国的非对称调整，中国策略更加占优

在中美两国的非对称宏观调控政策的安排上，中国总体上更加占优。中国在 2020 年以适度的投资扩张支撑总需求的稳定，从而推动企业复工复产和经济平稳运行，但导致政府、家庭和部分企业资产负债表的负担加重。在第一季度经济转入平稳有序增长后，对投资扩张性的政策进行适度调整，着力于修复政府和家庭资产负债表，并以高质量发展为重点，更好地促进企业提升产能与效益，从而为经济的长期稳定发展打好基础。

美国则将新冠肺炎疫情看作短期的外部冲击，并在 2020 年以稳定资产负债表的方式应对疫情对经济的压力，着力于稳定家庭资产负债表和中小微企业的资产负债表。其代价是联邦政府的债务急剧增加，形成 2021 年的债务困境。但在美国疫情发展情势和第一季度经济运行都趋于平稳的刺激下，拜登政府极有可能不满意市场自身的需求恢复速度与供给修复能力，而需要对疫后的经济进行适度刺激，以加速经济恢复并纾解市场运行压力。这样，本就良好的资产负债表再加上政策刺激必然导致美国经济的需求端复苏超过供给端，形成大量的需求外溢，并导致进口扩张。

表面上看，美国在这一过程中的政策更加主动，也更具有刺激性，但受到外溢效应的影响，作为重要贸易伙伴的中国则在战略上更加占优：美国如果坚持贸易自由化，刺激政策所形成的总需求外溢不可避免地有相当的份额流向中国，从而支持中国扩大出口，并推动"修表"的顺利进行；而如果美国采取极端的外贸措施，以限制中国正常的出口和贸易合作，其一方面导致自身全球供应链的中断，另一方面也严重影响了全球自由贸易的正常进行，使其单边主义、保护主义和霸权主义的特征暴露无遗，而中国则仅需要做好内需的促进和贸易多元化的发展。

（二）传统发展格局发挥了重要作用，也形成了重要短板

在上述的中美关系互动中，总体上看，美国处于相对主动的地位，而中国则相对持中，主要采取应对性、相机抉择的政策调整模式。这种政策框架的形成与中国的传统发展格局有着直接的关系。

一方面，"两头在外"的贸易模式和"世界工厂"的贸易格局是中国传统发展格局的核心。通过"世界工厂"贸易格局的有序深化，中国逐步成为全球商品形态与价值形态的转换中心——周边国家将原材料、零配件和中间产品或服务出口中国，而中国则在这一基础上继续延伸制造与服务，形成面向美欧等发达国家的出口能力；同时，中国获得来自于欧美发达国家的大规模顺差，并用其一部分支付周边国家的贸易逆差，从而完成全球商品形态与价值形态的大循环。剩余的贸易顺差用以支撑中国产业的改造升级，产业链、价值链的有效延伸，居民财富、企业利润和国家财富的持续积累，并有效控制因产业升级和技术进步而带来的"加速折旧"风险。这一传统发展格局，对中国经济贸易的发展与提升做出了重要贡献，直至当前仍发挥着关键性的作用。

但在另一方面，传统经济发展格局逐步形成了两个重要的短板，而这种短板使中国在国际经济关系中总体处于被动地位，并愈发影响中国的经济安全。中国在世界工厂中更主要地扮演了贸易通道的角色，而不是最终市场，这是上述短板之一。作为贸易通道，在"两头在外"的推动下，贸易总量可以较快地上升，并突破资源能源瓶颈，推动产业规模扩张、结构优化和技术升级；但同时将控制力和影响力也让渡给了最终市场，最终市场国家可以以其国内总需求为依靠，调整通道结构并明确产品定价，从而获得尽可能多的实际贸易利益。

中国在国际分工体系中的从属地位和缺乏主导能力是第二

个短板。受到第三次、第四次产业转移浪潮的影响，中国以"世界工厂"的发展格局为支撑，更好地构建了国民经济体系和对外贸易体系，但在这种分工体系中，中国总体上属于被动地位和从属地位，除供应链和成本优势外，中国对全球分工体系缺少话语权和主导性，在全球竞争和全球化发展的大背景下，国际分工体系的主导国家对产业链、供应链、价值链和创新链的分布与调整具有直接的控制力和话语权，加剧了中国传统发展格局下的竞争劣势。

（三）构建新发展格局，促进国内国际双循环

新发展格局是对传统发展格局优势和成绩的继承，也是对其短板和不足的完善和提升。构建新发展格局的关键是畅通国内大循环，并以国内大循环为主体，促进国内国际双循环。这说明，新发展格局不是对传统发展格局的简单替代，而是在融合、创新的基础上，更好地发挥"世界工厂"的效力，更好地落实补短板、锻长板的改革要求。

畅通国内大循环，支持国内最终需求的增长与提升。构建新发展格局的关键是实现两个平衡，即由国内最终需求持续增长形成的需求总量带动供给总量扩张的总量平衡，以及需求牵引供给，供给创造需求的更高水平的动态平衡。也即最终需求要立足于总量扩张和结构升级的要求，更好地促进和带动产业升级和产品创新，形成需求与供给之间的良性互动。这一要求，着力于在"世界工厂"的体系之下，构建和完善最终市场部分，使得中国既是服务于全球的通道中枢，又是全球最重要的最终市场，并构建以中国为最终市场的产业链、供应链体系。

促进国内国际双循环，提升全球分工体系的话语权和自主性。构建新发展格局的抓手是推进供给侧结构性改革和需求侧改革，即在需求侧依托国内最终需求的扩张得到增长和提升之后，通过供给侧结构性改革的适应性和主动性，同时做好需求

对供给的牵引和供给对需求的创造两件事，从而带动产业升级、产品创新、产能优化，形成以国内最终需求为关键支撑的供给侧结构性改革和新产业体系培育。借助持续扩大和提升的国内市场，适应需求的多样化和市场的细分，着力在细分市场的层面实现规模经济，使新产业、新产品富有竞争力，逐步形成新的出口能力和海外投资能力。上述新产业、新产品以国内需求和国内市场为起点和成长支撑，并以开放为基础，在新产业、新产品的成长中提供更好的外部环境、外来资源，从而形成中国自主性、控制力、话语权更好的开放式的产业体系和全球分工格局，增强中国对国际分工体系的更加有效的话语权。

（四）发挥财政政策效力，支持畅通国内大循环

畅通国内大循环需要从供给侧和需求侧两端着手。供给侧结构性改革立足于优化存量资源配置，扩大优质增量供给；而需求侧改革则着力于扩大最终需求的规模，提升消费需求的质量和层次。这样总体上形成了产业转型升级、企业改革创新、优化收入分配、提升市场能效四个财政政策的着力点。

1. 以推进结构性减税为重点，促进产业转型升级

从扩大经济运行的流量价值的角度出发，减税降费并不是最有效的做法，也很难从根本上提升中国的有效积累，或是有效扩大最终需求，以支持经济的扩张与增长。但通过对生产性企业的生产经营活动实施减税降费，可以将原属政府的收入分配部分转移给实体经济企业，提升实体经济企业的收益能力和吸引力，进而对资源配置产生引导，推动优质的金融资源流入实体经济。因此，减税降费的关键不在于进一步减少或降低宏观税负，而是聚焦实体经济的增加值创造和产出环节，加大减税力度，提升收益水平，鼓励企业设备更新改造和创新发展。为有效推进生产性减税并保持政府财政运行的平稳可持续，可以通过适度增加财产性税收的办法，以平衡政府的财政压力，

更好地保障减税降费目标的实现。

第一，以制造业企业为重点，支持企业创新发展和产业分工细化的减税安排。主要包括将制造业企业的研发费用在缴纳企业所得税税前加计扣除的比例由75%提高到100%的安排。并建议进一步降低制造业企业的增值税税率，将税率水平由13%下调到12%；对制造业企业购置500万元以下的设备直接抵扣应纳税所得额安排扩大到1000万元，以契合中国人民银行规定的小微企业贷款额度等。

第二，以推进绿色发展，提升可持续发展的能力为目标，加大对环保企业、节能节水服务企业的所得税减税优惠。可考虑的方案是将提供第三方服务的环保和节能节水服务企业的设备购置纳入应纳税所得额中扣除或装备折旧的同时，对接受环保和节能节水服务的制造业企业按照上述扣除或折旧的标准予以等额的扣除。这种设计可以将接受第三方服务的制造业企业的实际税负与自行开展相关设备投资的制造业企业的实际税负基本拉平，以利于专业服务企业的发展。

第三，以优化资源配置，避免"庞氏投资"风险为目标，抓紧出台房地产税，并更好地实现对生产经营环节的减税安排。近年来，中国出现了较为明显的企业平均利润率曲线与平均利率曲线运行态势相背离的情况，在经营利润压力不断加大的情况下，金融投资、房地产投资收益却在不断上升，究其原因则是来自于"庞氏投资"的资产溢价所致，而房地产市场则是"庞氏投资"的基础载体。这种背离，扭曲了中国资源配置，异化了资产价格，减少了"流量价值"，损害了实体经济的基础和动力，亟须通过财产税的方式予以纠正。开征房地产税不仅在社会民生上具有必要性，在财政经济上也具有较好的可行性，而如果一再延宕，将导致更加异化的投资结果和更多的中产阶层家庭资产负债表流量端的恶化。除上述原因外，开征房地产税还有筹集收入，以支持对生产企业、生产环节进一步减税的效果，形成更大的减税力度和减税空间。

第四，以促进碳达峰、碳中和为目标，着力推进碳排放税，完善环保税收体系。中国的碳达峰、碳中和之路主要包括三个支撑：一是清洁能源，二是节能减排，三是优化经济结构。从能源结构来看，中国仍是以化石能源为主的消费大国，同时也是单位能耗水平相对偏高的国家，高能耗、高排放的企业在中国的经济结构中仍占有一定的比重，市场在竞争和资源配置中仍未形成合适的绿色导向和减排支持。中国应抓住有利时机，克服征管能力不足的影响，立足排放源头，科学核定税额，畅通传导机制，抓紧出台碳排放税，完善中国环保税体系，并形成全链条绿色能源标志，引导企业科学选用能源。

2. 以开展助企纾困为重点，支持企业改革创新

助企纾困是克服新冠肺炎疫情影响，推进企业持续健康发展，维护经济的基本盘，形成经济增长的内生动力的关键所在。当前的助企纾困工作，应着力做好以下三点。

第一，大力支持小微企业发展，防范小微企业风险。进一步推进以扶持小微企业发展为目标的制度性减税。包括：延长小规模纳税人增值税优惠等部分阶段性政策执行期限，实施新的结构性减税举措；将小规模纳税人增值税起征点从月销售额10 万元提高到15 万元；对小微企业和个体工商户年应纳税所得额不到100 万元的部分，在现行优惠政策基础上，再减半征收所得税。

此外，着力推进普惠金融发展，协助解决小微企业融资难、融资贵。中央财政要继续延长小微企业融资担保降费奖补政策，发挥政府性融资担保机构作用，降低保费负担，加强与金融机构的直接合作，并支持地方政府性融资担保机构的发展，重点缓解小微企业的融资需求。

第二，把科技作为支出的重点领域，促进企业创新。财政应着力支持和稳定国家实验室的建设运行，支持国家重点实验室体系重组，服务国家战略科技力量的强化。加大基础研究投入，推进基础研究十年行动计划有效实施。中央预算内投资要重点安排资金支持科技创新和结构调整，落实税收、资产管理、政府采购等支持科技创新政策。充分发挥国家科技成果转化引导基金作用，立足于创新驱动，引导社会资源，共同促进科技成果转移转化。

第三，推动产业链供应链优化升级，支持全链条、全周期的持续创新。财政部门要统筹相关资金，支持制造业高质量发展，深入实施产业基础再造工程，加快构建自主可控、安全稳定的产业链供应链。继续对先进制造业企业实行按月全额退还增值税增量留抵税额的安排，并根据需要，适当扩大产业类型和企业范围。优化首台（套）重大技术装备保险补偿政策，继续实施新材料首批次保险补偿试点。发挥政府投资基金引导作用，带动社会资本加大投入，推动集成电路、新材料、新一代信息技术等产业加快发展，破除中国的技术瓶颈和"卡脖子"风险。

3. 以促进共同富裕为重点，服务收入分配改革

收入分配改革与畅通国内大循环的最终需求能力的提高有着直接的关系，并有效激励中国的供给侧改革的深入进行，从而有助于形成需求牵引供给、供给创造需求的更高水平的动态平衡。从推进收入分配改革的财政政策来看，须着力做好以下三点。

第一，以劳动报酬增长为重点，提升职工工资收入，并促进劳动要素市场的创新发展。坚持落实好"十四五"规划的要求，使居民收入增长与国民收入增长基本同步，并使劳动报酬的提高与劳动生产率的提高基本同步，着力推动劳动生产率的增速超过经济的增速。财政政策要着力完善劳动要素市场，形成对劳动要素的合理定价和优化配置，提升劳动要素的配置效率和工作效率，将"用工成本"理念转为"生产要素"的理念，立足于高质量发展形成劳动要素发展、企业发展与国民经济发展的统一。

第二，打通收入和财产，以财产税制为重点，强化收入分配和配置结构的调节。中国收入分配改革的目标是推进全体人民的共同富裕，其核心落点是壮大中等收入群体，缩小收入分配差距。为实现上述目标和要求，财政政策原来的做法是着力于收入本身，通过再分配改革来提低、扩中、限高，但从实施情况来看，其政策效果针对限高的情况并不好，只是限制了体制内工薪收入较高的群体，而针对真正的高收入人群则难以发挥调节作用。改革的方向是打通收入和财产的关系，针对收入本身保持适当的税负水平和税率结构，甚至可以明显降低最高边际税率，但要根据收入的使用情况，对非生产性的资产投资征收财产税，在保障收入激励的前提下，引导社会资源的优化配置，更多地投向生产性投资或消费领域。

第三，以提升获得感和幸福感为重点，优化政府购买服务结构，提高转移性收入水平，改善家庭资产负债表。受到家庭债务负担较重的影响，中国居民的消费能力和消费增速总体不及预期。以第一季度为例，中国社会消费品零售总额的增速两年均值仅为 4.2%，居民消费支出在剔除通胀影响后，较 2019 年同期仅增长 1.4%。为有效缓解居民资产负债表的压力，更好地推进居民消费的有序扩张，财政政策应着力优化政府提供的公共服务结构和质量，加大转移性收入的规模，支持居民收入的有效提高，缓解消费瓶颈和收入压力，改善家庭资产负债表的基本情况。

4. 以开展新基建为重点，着力提升投资端的最终需求

新型基础设施建设是扩大投资的重要组成部分，也是构建新模式、新业态、新场景的基础。畅通国内大循环的关键是要坚持扩大内需这个战略基点，使生产、分配、流通、消费更多依托国内市场，形成国民经济良性循环。要坚持供给侧结构性改革的战略方向，提升供给体系对国内需求的适配性，打通经济循环堵点，提升产业链、供应链的完整性，使国内市场成为最终需求的主要来源。具体要求包括：

第一，以推进新基建为重点，积极拓展投资空间。用好地方政府专项债券，加强高质量项目储备，按照"资金跟着项目走"的原则，适当放宽发行时间限制，优化债券发行期限结构，合理扩大使用范围，优先支持在建工程，不得盲目举债铺摊子。优化政府投资安排方式，通过资本金注入等发挥政府投资撬动作用，激发民间投资活力，形成市场主导的投资内生增长机制，增强投资增长后劲。

第二，继续支持促进区域协调发展的重大工程，推进"两新一重"等重大工程建设。支持推进以人为核心的新型城镇化。健全成本分担机制，保障农业转移人口基本公共服务需求。支持实施城市更新行动，推动城镇老旧小区改造和住房租赁市场发展，以长期租赁住房和长期租赁服务为重点，降低租赁业务的整体税费负担。

第三，加大农业生产性投资和农村基础设施投资，补充投资短板。财政政策要着力加大农机购置补贴力度，支持高端智能、丘陵山区农机装备研发制造；积极支持培育家庭农场、农民合作社等新型农村经济组织的发展，推进适度规模经营，完善农业社会化服务体系，着力构建现代农业经营体系；深入推进现代农业产业园创建、农业产业强镇和优势特色产业集群建设，引领带动乡村产业发展壮大；加强基层农技推广体系建设，提高科技对农业的支撑能力。同时，还要着力推动巩固拓展脱贫攻坚成果同乡村振兴有效衔接。保持财政支持政策和资金规模总体稳定，重点向巩固拓展脱贫攻坚成果任务重、乡村振兴底子差的地区倾斜，支持加强农村基础设施建设，完善农村基本公共服务体系。

（五）增强货币金融政策的主动性和针对性，提升供给体系对国内需求的适配性

在畅通国内大循环的要求下，货币金融政策需要从总量调控为主的模式转向提升结构性调控的功能，需要从被动应对市场的需要转变为主动匹配和满足市场的要求，从而为提升中国供给体系对国内需求的适配性提供支持。主要的政策措施包括：

第一，合理约束货币发行总量，保持流动性合理充裕。良好的货币供给是保证企业拥有良好的流动性用以清偿债务和经营运转的重要前提。货币政策要完善货币供应调控机制，避免基础货币投放的过度内生化，优化借贷便利的期限结构和规模，保持广义货币和社会融资规模增速同名义经济增速基本匹配。

第二，完善价格型货币政策，引导市场利率水平适当降低，保持人民币汇率水平合理稳定。要进一步健全市场化利率形成和传导机制，以贷款市场报价利率（LPR）作为关键指标，深化贷款市场报价利率改革，完善银行间的批发利率，带动存款利率市场化。支持"世界工厂"贸易格局的基本稳定，深化人民币汇率市场化改革，加强宏观审慎管理，有效应对输入性通胀风险，引导市场预期，保持人民币汇率在合理均衡水平上的基本稳定，并支持商业银行等金融机构推出更多有利于外贸企业防范金融风险的产品和措施。

第三，提升货币金融政策的结构性调控能力和水平，重点化解小微企业融资难、融资贵的问题。继续发挥好结构性货币政策工具和信贷政策精准滴灌作用，构建金融有效支持小微企业等实体经济的体制机制。延续实施普惠小微企业贷款延期还本付息和普惠小微企业信用贷款两项直达实体经济的货币政策工具。继续运用普惠性再贷款再贴现政策，引导金融机构加大对"三农"、科技创新、小微和民营企业等国民经济重点领域和薄弱环节的支持力度。加大对普惠金融的支持和引导力度，发挥金融支持小微企业政策合力；以农业、农民和涉农产业作为支持重点，做好脱贫攻坚与乡村振兴金融服务有效衔接。

第四，落实碳达峰碳中和重大决策部署，完善绿色金融政策框架和激励机制。支持碳排放、碳汇核算体制机制的构建，研究和开发相关碳交易产品，推动建设碳排放权交易市场，为排碳合理定价。以碳排放权及其市场价格为基础，形成碳排放权的合理使用和流转机制，支持碳排放权等用作合格质押物在金融市场使用。逐步健全绿色金融标准体系，明确金融机构监管和信息披露要求，以绿色金融资金池和宏观审慎管理政策为基础，建立政策激励约束体系。着力完善绿色金融产品和市场体系，建立绿色金融支持措施的收益模式和合理退出机制，持续推进绿色金融国际合作。

第五，稳慎推进人民币国际化，改进外汇管理和服务。坚持为实体经济服务是金融的本分的定位，通过出口信用保险和实体经济的融资担保，与财政政策形成合力，并顺势而为，促进贸易投资便利化。继续推动金融市场高质量双向开放，促进本外币、离岸在岸市场的良性协调发展，探索合格投资者制度向个人层面延伸和拓展，按照先债后股、先法人后个人的顺序，稳妥有序推进资本项目开放。支持企业合理审慎运用外汇衍生品管理汇率风险，结合跨境电商发展的情况，进一步探索更为灵活和高频的衍生品类型和品种。加快完善外汇市场"宏观审慎+微观监管"两位一体管理框架，集约高效做好外汇储备经营管理，加强内保外贷等资金运用模式的管理，维护外汇储备规模基本稳定。

第六，加快完善宏观审慎政策框架，将主要金融活动、金融机构、金融市场和金融基础设施纳入宏观审慎管理。加强系统性金融风险监测评估，分步推动建立宏观审慎压力测试体系。加快建立健全跨境资本流动等重点领域宏观审慎管理框架，重点对海外投资项目的多边银行贷款、跨国公司国内分支机构的利润管理情况和境外游资的流动性情况进行监控。推行双层牌照管理模式，金融控股公司及其延伸的金融业务均须单独持牌，完善金融控股公司监管制度体系。

第七，落实房地产长效机制，实施好房地产金融审慎管理制度。坚持房地产市场的供给结构完善和规模扩张的基本取向，优化金融支持房地产开发的资金需求，重点完善金融支持住房租赁政策体系。加强对家庭杠杆的有效管理，重点控制家庭两套以上住房的贷款，对商业银行等金融机构的房地产贷款执行增量和存量余额的双重管理，避免房地产市场的杠杆过度积累。对土地购置和住房首付严格禁止通过增加杠杆的方式购买，坚决查禁生产经营性贷款违规流入房地产市场的情况，对房地产市场直接分割或衍生产权的投资方式予以坚决打击和禁止。强化支付领域监管，严禁金融产品过度营销，诱导过度负债，严肃查处侵害金融消费者合法权益的违法违规行为。

第八，持续防范化解金融风险。完善风险防范处置长效机制，压实金融机构和股东主体责任、地方政府属地责任、金融监管部门监管责任和最后贷款人责任。完善存款保险制度建设和机构设置。加强互联网平台公司金融活动的审慎监管。坚决落实党中央、国务院关于强化反垄断和防止资本无序扩张、统筹金融发展与金融安全的决策部署，抓紧补齐监管制度短板。确保金融创新在审慎监管前提下发展，普惠金融服务质量和竞争力稳中有升。

（执笔人：闫坤　张鹏）

2021 年第二季度中国宏观经济与财政政策分析报告

——中国经济回归潜在增速，调控政策须把握时度效

内容提要：2021 年上半年，全球主要经济体面对疫情影响均采取了积极的扩张型政策，加之疫苗的快速推广，全球经济增长迎来复苏的曙光，经济复苏好于预期。但全球经济的复苏呈现显著的不均衡性，这种不均衡不仅体现在发达经济体和新兴经济体之间，发达经济体内部也呈现一定的分化；同时也体现为经济增长不平衡带来的通胀和金融风险等结构性风险。由于发达国家经济复苏整体上快于发展中国家，发达国家尤其是美国货币政策可能呈现出先缩减 QE 后加息的进程，预计各国的货币政策正常化总体将比 2016 年货币政策调整节奏更紧凑。

上半年，中国经济保持了快速增长势头，经济持续稳定恢复，就业形势基本平稳，消费价格温和上涨，对外贸易快速增长，高质量发展取得新成效。中国宏观经济正在从非均衡恢复向均衡恢复转变，经济增长的内生动力逐步趋于平衡。总体来看，工业生产、外贸和制造业投资表现出了较强韧性，依然起到了托底经济的作用；但中国经济复苏中的结构性分化问题并未明显改善：生产端依然好于需求端，投资好于消费，消费内部也存在分化。展望下半年，基数效应、政策刺激效应和贸易替代效应逐步弱化，宏观经济增速将呈现"前高后低"走势。

在财政政策方面，由于宏观经济快速增长，中国财政收支

状况较 2020 年改善，财政收入增速明显快于支出：上半年全国一般公共预算收入 117116 亿元，同比增长 21.8%，比 2019 年同期增长 8.6%；在财政支出方面，全国一般公共预算支出 121676 亿元，同比增长 4.5%，重点领域支出得到有力保障，财政资金使用效率明显提升，财政赤字水平得到有效控制。

目前，中国经济增长的态势总体上趋稳，预计下半年经济增速仍将继续回归潜在经济增速，全年实现 6% 以上的经济增长目标并无压力。从中长期来看，资本积累依然是拉动经济增长的主要动力，随着对 R&D 投入的增加、人力资本增长以及通过改革增强市场活力，全要素生产率对经济的贡献有望提高。综合考虑影响中国潜在经济增长的要素投入及其变化规律，预计未来国内投资增速仍将保持较高增速，但人口老龄化将导致劳动力供给有所下降，预计 2021—2025 年间 GDP 年均增速为 5.5% 左右；2026—2050 年间中国 GDP 年均增长仍将达到 3.5% 左右。

建议宏观调控保持连续性、稳定性、可持续性，以结构性政策为主要抓手，以突出问题风险为重点领域，把握时度效，精准施策。考虑到下半年宏观经济形势，宏观调控方式需要提质增效，应朝向市场化的方向转型，更多地强调经济稳定和结构优化，保持经济增长的动力和活力。与此同时，针对经济领域存在的突出问题，把握时度效，精准实施财政、货币、就业等调控政策，加快构建新发展格局，着力推动高质量发展，使经济在恢复中达到更高水平均衡。

关键词：经济复苏　全球失衡　宏观调控　财政政策　防范风险

2021 年上半年，全球经济增长迎来复苏的曙光，同时也呈现出明显的不均衡特征，不均衡复苏为全球经济增长增添了结构性风险。就中国来看，上半年，中国经济保持了快速增长势头，就业形势基本平稳，对外贸易快速增长，高质量发展取得新成效；但与生产端快速恢复相比，消费端复苏较慢，居民预防性储蓄现象凸显。展望下半年，全球疫情形势预计将逐渐好转，中国生产和需求、内需和外需、上游企业和下游企业发展将更加均衡，中国经济增速将逐渐回归潜在增长区间，全年实现6%以上的经济增长目标并无压力。

一　全球经济复苏曙光初现，
结构性风险不容忽视

2021年，全球主要经济体面对疫情影响均采取了积极的扩张型政策，加之全球范围内疫苗的快速推广，全球经济增长迎来复苏的曙光。但全球经济的复苏呈现显著的不均衡性，这种不均衡不仅体现在发达经济体和新兴经济体之间，发达经济体内部也呈现一定的分化；同时也体现为经济增长不平衡带来的通胀和金融风险等结构性风险。

（一）2021年上半年全球经济复苏加速

2020年下半年以来，全球经济陆续重启，产业链、物流、消费、工业生产等活动逐渐恢复，叠加各国普遍采取的财政货币刺激政策，带动全球经济开始复苏。根据IMF的最新估计，全球经济在2020年整体呈收缩态势，经济增速为-3.3%。相比2020年10月的预测，IMF对2020年经济萎缩幅度的估计下调了1.1%，这是因为2020年下半年以来大多数地区放松了封锁措施，增强了经济的灵活性和适应性。

根据IMF的预测，2021年之后全球经济将逐渐摆脱疫情影响，由于2020年基数较低，预计2021年全球经济增速为6%，2022年全球经济增速为4.4%。相比2020年10月的预测，IMF最新报告中关于2021年和2022年经济增速分别较之前提高

0.8%和0.2%。IMF之所以调高了2021年和2022年经济增速，究其原因，是因为全球主要经济体推出的额外财政刺激计划，且全球范围内疫苗的推广将对经济复苏起到推动作用。总体而言，此次疫情虽然对全球经济造成了重大威胁，但相比2008年的国际金融危机，由于全球主要国家均通过财政和货币政策进行了充分应对，疫情造成的长期经济衰退效应相对有限。但IMF认为，相比发达国家，新兴市场经济体和低收入发展中国家受到的冲击更大，且在中期内将承受更为严重的损失。

具体而言，面对经济复苏的不确定性，以美国为代表的主要发达经济体继续推出财政支持措施，全球疫苗推广加速，经济复苏形势进一步好转，预计2021年美国、欧元区、日本、中国经济增速分别为6.4%、4.4%、3.3%和8.4%，分别较2020年1月上调1.3、0.2、0.2和0.3个百分点，发达国家的上调幅度较发展中国家更为明显。

表2-1　　　　　IMF对全球主要经济体的增速预测　　　　单位:%

	2020年	2021年	2022年
全球	-3.3	6.0	4.4
发达经济体	-4.7	5.1	3.6
美国	-3.5	6.4	3.5
欧元区	-6.6	4.4	3.8
德国	-4.9	3.6	3.4
法国	-8.2	5.8	4.2
意大利	-8.9	4.2	3.6
西班牙	-11	6.4	4.7
英国	-9.9	5.3	5.1
加拿大	-5.4	5.0	4.7
日本	-4.8	3.3	2.5
新兴市场和发展中经济体	-2.2	6.7	5.0

续表

	2020 年	2021 年	2022 年
中国	2.3	8.4	5.6
印度	−8.0	12.5	6.9
东盟五国	−3.4	4.9	6.1
俄罗斯	−3.1	3.8	3.8
巴西	−4.1	3.7	2.6
墨西哥	−8.2	5.0	3.0
南非	−7.0	3.1	2.0
中东和中亚	−2.9	3.7	3.8
撒哈拉以南非洲	−1.9	−3.4	4.0

资料来源：IMF：《世界经济展望》2021 年 4 月。

（二）全球经济复苏面临不平衡挑战

全球经济在复苏的同时仍存在明显的不均衡特征，具体表现为以下三个方面。

第一，发达国家消费复苏明显，但全球范围内消费复苏速度仍落后于生产。从生产端来看，目前全球生产端复苏相对稳固，摩根大通全球制造业 PMI 指数、OECD 综合领先指标、全球粗钢产量等指标均超过疫情前水平，中国、美国、日本、德国、韩国、意大利等制造业增加值全球占比排名前十的国家，工业生产/增加值指数快速从底部恢复。相比之下 2021 年以来，OECD 国家消费者信心指数快速走高。其中，美国零售和食品服务销售额 3 月以来连续三个月超过 6000 亿美元，不断创历史新高。5 月全球餐馆就餐人数较 2019 年同期下降 18.9%，但明显好于 2020 年年底（下降 59.8%）。未来随着疫苗接种率增加，全球户外消费活动将逐渐回暖。总体来看，虽然消费端复苏加快，但与疫情前相比仍明显偏低，复苏仍明显滞后于生产端。

第二，经济复苏的区域不平衡表现突出。导致全球经济复苏分化的主要原因在于各国采取的宽松刺激政策力度与空间不同以及各国疫苗接种的比例进展差异较大。由于新兴市场经济体在政策空间和疫苗可得性方面的限制，发达经济体在两方面的表现均领先于新兴经济体，其经济复苏程度也明显领先；在发达经济体内部，美国较欧洲具有更大的政策刺激空间，疫苗接种也更快，因此，美国经济复苏也快于欧洲。目前，美国受益于大规模的量化宽松政策和不断推出的积极财政政策，经济复苏形势较好，第一季度与中国共同引领全球增长。英、德、法、意等欧洲主要发达经济体虽然第一季度受疫情冲击经济复苏疲软，但第二季度疫情形势明显改观，每百人的疫苗接种剂次均超过 65%，逐渐接近群体免疫标准，生产和消费活动加快恢复。而非洲和拉美大部分新兴经济体疫情仍在蔓延，印度疫情未得到有效控制且向周边国家蔓延，对各国经济活动带来负面影响。新兴经济体复苏前景不如发达经济体乐观。

就发达国家内部来看，也呈现一定分化态势。美国 7 月 Markit 制造业 PMI 初值 63.1，高于预期的 62，为有数据记录以来最高水平。整体来看美国经济仍然维持强劲势头，制造业修复并未放缓，服务业虽然放缓，但仍处于较高水平，且未来空间较大。横向相比来看，欧洲多数国家制造业 PMI 有所下滑，欧元区 7 月制造业 PMI 初值公布为 62.6，较前值 63.4 有明显下滑；其中，法国 7 月制造业 PMI 初值公布为 58.1，低于预期值 58.4，同样低于前值 59；德国 7 月制造业 PMI 初值公布为 65.6，高于预期值 64.2，且略高于前值 65.1。近期由于针对新冠病毒防控的限制趋向宽松，预计欧元区企业景气度将进一步恢复，但未来 Delta 病毒蔓延带来的风险仍大。

第三，经济复苏的不均衡还表现在国家内部不同行业和群体收入分化。从 2020 年的情况来看，疫情冲击虽然对经济造成了整体上的伤害，但相比供给侧而言，疫情对需求端的冲击更加严重。在经历了短暂且同步的崩溃之后，主要国家工业生产已基本恢复到疫情前水平，产业链和供应链逐渐恢复，但接触密集型服务消费仍然低迷，旅游、艺术、娱乐、体育、酒店和实体零售业复苏相对较慢。

（三）全球贸易复苏，但服务贸易滞后于货物贸易

据 OECD 统计，在医疗、电子产品的带动下，目前全球商品贸易已经超过了疫情前的水平，欧美等发达国家需求恢复带动亚洲国家出口激增。2021 年 5 月，日本出口增长 49.6%，其中对美出口增长 87.9%，对欧盟出口增长 69.6%。商品贸易增长带动了货物运输，全球航空货运量在 1 月份开始超过疫情前的水平，根据国际航空运输协会 6 月 15 日发布的数据，4 月份全球航空货运需求比 2019 年 4 月增长 12%。由于运量增加，国际海运运费价格持续攀升。与商品贸易高度景气形成鲜明对照，全球服务贸易复苏迟滞。2021 年 5 月美国商品进出口增速分别为 40.0% 和 59.8%，而服务进出口增速分别仅为 27.7% 和 9.87%。国际航空运输协会（IATA）预测，今年全球航空旅客人次仅能恢复到疫情暴发前的 52%，2022 年达到疫情前的 88%，直到 2023 年才能完全恢复。

（四）全球货币政策正常化提速

一方面，在全球主要经济体当中，由于发达国家经济复苏整体上快于发展中国家，在发达国家中美国经济复苏更为稳健，预计未来发达国家尤其是美国的货币政策正常化将加速。另一方面，随着新冠疫苗接种数量持续增加，美国疫情控制效果显著提高，确诊人数大幅下降。美国联储主席布拉德表示，75% 的美国人接种新冠肺炎疫苗，是疫情危机即将结束的关键节点，也是美联储考虑缩减甚至退出量化宽松政策的必要条件之一。据美国疾病控制与预防中心（CDC）统计，2021 年 1 月 14 日至 6 月 12 日，美国已有 1.73 亿人至少完成一剂疫苗接种，其中 1.43 亿人完成全部两剂疫苗接种。按当前美国 3.31 亿人口测

算，美国目前已有近50%的人口接种至少一剂疫苗，近42%人口彻底完成了疫苗接种。若按1—6月平均接种速度测算，美国总体疫苗接种率将在第三季度达到75%临界值。

就全球范围来看，全球各大发达经济体开始逐步走出疫情影响，预计未来货币政策正常化开始提上日程。从GDP指标来看，2021年欧美等发达国家的经济增速出现明显的上升趋势；从居民消费价格指数（CPI）指标来看，经济复苏预期和全球范围内大宗商品价格上涨也提升了全球各国的通胀水平。在此背景下，全球范围内的货币政策调整预计将加快。

就货币政策调整的节奏而言，从上一轮美联储的量化宽松政策的退出来看，早在2013年12月美联储就明确公布了退出量化宽松政策的标准，随后美联储退出量化宽松货币政策主要采取了停止资产扩张、提高利率和收缩资产三个步骤：2014年10月，美联储正式停止资产购买计划，从2015年12月开始，美联储进行了加息操作，同时在2017年9月议息会议中，美联储宣布开始正式启动缩表，整体上量化宽松政策的退出持续了两年时间。

未来，鉴于全球经济复苏的加快，发达国家尤其是美国货币政策可能呈现出先缩减QE后加息的进程，预计各国的货币政策正常化总体将比2016年货币政策调整节奏更紧凑。

第一阶段：缩减和退出量化宽松政策。以美联储为例，随着美国的经济恢复，美联储2021年的议息会议重点将专注于讨论"QE何时退出"的问题，并将不同阶段讨论结果通过会议声明和会议纪要的形式向市场传递，给市场较为明确的前瞻指引；与此同时，美联储将逐步缩短资产购买阶段，预计到2022年年底实现量化宽松政策退出。

第二阶段：回归常规货币政策并加息。鉴于本轮调整美联储有意识地提前向市场传达了加息信号，预计未来加息速度将加快，预计2022年年底前美联储至少加息一次，如果经济复苏进展更快，本轮缩减 QE 结束后可能迅速转入加息周期。

就全球范围内货币政策转向的影响而言，从历史上来看，历次全球流动性收缩往往造成新兴市场的金融危机。相比前几次全球流动性收缩，本轮货币政策收紧周期的节奏将更为紧凑，且相比 2016 年加息周期，当前阶段全球经济复苏的不平衡问题更为突出，预计本轮货币政策调整将对发展中国家和新兴市场经济体的影响更为突出。

从对发达经济体自身的影响来看，其货币政策转向也会给发达经济体自身带来一些不利影响，例如货币政策收紧可能对各国信贷规模和企业投资造成负面影响，从而打断疫情后的经济复苏进程，各国失业率可能攀升，从而可能对经济增长形成负反馈效应。从对新兴经济体的影响来看，由于相比发达经济体受到更大的疫情冲击，全球范围内的货币政策调整将对新兴市场经济体冲击更为明显；尤其是全球贸易摩擦的背景下，资本回流发达国家可能形成长期趋势，未来新兴市场经济体应通过结构性改革使内部结构更为优化，提高资产回报率以抵消发达国家货币政策调整对资本外流的影响。但考虑到新兴经济体国家储备资产水平和外债结构，全球货币政策和流动性的收紧的整体影响十分有限，并不会导致新一轮金融危机的爆发。

（五）全球结构性风险加剧

首先，全球性的经济金融风险体现为经济复苏不同步带来的货币政策转向问题，即未来货币政策转向对长期经济增长和就业形成压力。面对新冠肺炎疫情的全球大流行，各国央行纷纷开启了无限制的量化宽松举措，通胀预期开始攀升。从 CRB 现货指数来看，CRB 综合指数已经超过疫情前水平，CRB 金属指数和工业原料指数都较疫情前出现较大涨幅。从期货市场来看，LME 铜、LME 铝价格已经远超过疫情前水平，原油最近也回升到疫情前平均水平。预期未来，全球需求扩张叠加供给相对滞后，全球经济通胀压力将持续，大宗商品波动风险也将加剧。

其次，新兴经济体的金融风险水平提升。由于全球经济复苏的不均衡特征，新兴市场经济体的复苏速度滞后于发达国家，加之美联储货币政策转向加快，全球范围内通胀持续升温，全球金融市场波动加大，新兴市场经济体的金融风险有所上升。根据国际金融协会 IIF 的统计，2021 年 2 月，新兴经济体证券资本净流入规模为 31.2 亿美元，较 2020 年年底出现明显回落；在 2021 年 3 月之后，其证券投资由净流入转为净流出，未来持续的资本流出将对新兴市场经济体的经济稳定性形成考验。

再次，全球通胀压力加大。2021 年上半年美国通胀压力持续上升，6 月 CPI 增幅达 5.4%，创 2008 年 8 月以来最大同比增幅，凸显出全球通胀压力继续加大。通胀压力加大有如下原因：一是经济刺激政策增大了总需求，今年以来美国政府先后公布了"美国援助计划""美国就业计划"和"美国家庭计划"等庞大的财政刺激方案，继续保持"宽财政"的政策取向；二是疫情及天气因素导致大宗商品开工不足，大宗商品价格上涨成为通货膨胀的重要推手；除此之外，芯片等关键产品的供应链瓶颈问题继续推高生产成本，供给短缺以及贸易摩擦导致全球贸易成本增加等因素也是通胀高企的因素。

最后，发达经济体加快调整全球供应链也为全球经济增添了不确定性。总体来看，"后疫情时代"全球供应链产业链调整呈现加速态势。一是疫情暴露出全球产业链供应链的脆弱性。疫情趋缓后各国政府更加关注经济安全和产业安全，努力提升产业链的自主可控性。二是新一届美国政府正在着力构建"基于共同价值观"的产业链，目前随着疫情趋缓，其构建排华产业链的构想已得到了日本、德国等国的呼应，预计将对全球产业链形成新的冲击。

总体来看，2021 年全球经济有望逐步摆脱疫情影响，但全球经济复苏的同时结构性问题日益加剧，如全球经济复苏的区域差异、货币政策转向的不同步、贫富分化以及通胀和金融风险加剧等结构性问题，都在中长期内对全球经济构成了挑战。

二　中国经济加速复苏，消费需求相对滞后

根据国家统计局公布的数据，2021 年上半年中国国内生产总值 532167 亿元，按可比价格计算同比增长 12.7%（见表 2 - 2），比第一季度回落 5.6 个百分点；分季度看，2021 年第一季度同比增长 18.3%，2020—2021 年两年平均增长 5.0%；第二季度增长 7.9%，两年平均增长 5.5%。

表 2 - 2　　　　　2021 年第二季度和上半年 GDP 初步核算数据

	绝对额（亿元）		比上年同期增长（%）	
	第二季度	上半年	第二季度	上半年
GDP	282857	532167	7.9	12.7
第一产业	17070	28402	7.6	7.8
第二产业	114531	207154	7.5	14.8
第三产业	151257	296611	8.3	11.8
农林牧渔业	17864	29751	7.5	7.7
工业	93635	174606	8.8	15.9
#制造业	80037	148523	9.2	17.0
建筑业	21318	33335	1.8	8.6
批发和零售业	26861	50895	9.6	17.0
交通运输、仓储和邮政业	12637	22704	12.7	21.0
住宿和餐饮业	4169	8228	17.1	29.1
金融业	22563	45637	4.1	4.7

续表

	绝对额（亿元）		比上年同期增长（%）	
	第二季度	上半年	第二季度	上半年
房地产业	20282	39742	7.1	13.6
信息传输、软件和信息技术服务业	11868	23187	19.5	20.3
租赁和商务服务业	7714	15464	5.8	6.9
其他行业	43945	88617	6.2	7.5

资料来源：国家统计局。

（一）制造业加速复苏，高技术行业带动作用明显

从工业产出角度来看，目前工业增加值已恢复至 2020 年疫情之前的增速水平。2021 年 6 月，规模以上工业增加值同比实际增长 8.3%，比 2019 年同期增长 13.5%，两年平均增长 6.5%；从上半年整体来看，规模以上工业增加值同比增长 15.9%，两年平均增长 7.0%，高于疫前 6% 左右的水平。究其原因，当前阶段供给端的制造业复苏主要是因为中上游价格上涨带来的盈利效应以及外需复苏带来的中下游制造业增长效应，同时，今年上半年房地产和建筑业繁荣也对建材等制造业产品形成了持续需求，支持了制造业的快速增长。

具体而言，当前阶段生产领域的恢复呈现出以下特征：一是制造业保持扩张态势。2021 年 6 月份制造业 PMI 为 50.9，连续 16 个月位于扩张区间。二是服务业发展明显改善。2021 年第二季度第三产业增加值同比增长 8.3%，其中，金融业增加值同比增长 4.7%。三是行业增长面明显扩大，行业表现基本恢复至疫情前水平。与 2019 年同期相比，全球 41 个大类行业中有 34 个行业实现增长，行业增长面保持在八成以上。四是工业新动能持续壮大，高技术制造业增长迅速。高技术制造业的增速均明显高出全部规模以上工业增速，且在主要行业中，医药制造业、电子行业、电气机械制造业增长明显，发挥了明显的带动作用。

（二）投资稳步恢复，结构呈现分化

2021 年上半年，全国固定资产投资同比增长 12.6%，比 2019 年同期增长 9.1%，两年平均增长 4.4%。比较来看，全球固定资产投资呈增长态势，上半年固定资产投资同比较 1—5 月、1—4 月、第一季度和 1—2 月分别加快 0.2、0.5、1.5 和 2.7 个百分点。分领域来看，2021 年上半年，制造业投资同比增长 19.2%，两年平均增速为 2.0%，比 1—5 月加快 1.4 个百分点。基础设施投资同比增长 7.8%；两年平均增速为 2.4%，其中，生态保护和环境治理业投资增长 16.9%，水利管理业投资增长 10.7%，信息传输业投资增长 9.9%，道路运输业投资增长 6.5%。房地产开发投资同比增长 15.0%；两年平均增速为 8.2%，其中，住宅投资增长 17.0%（见图 2－1）。

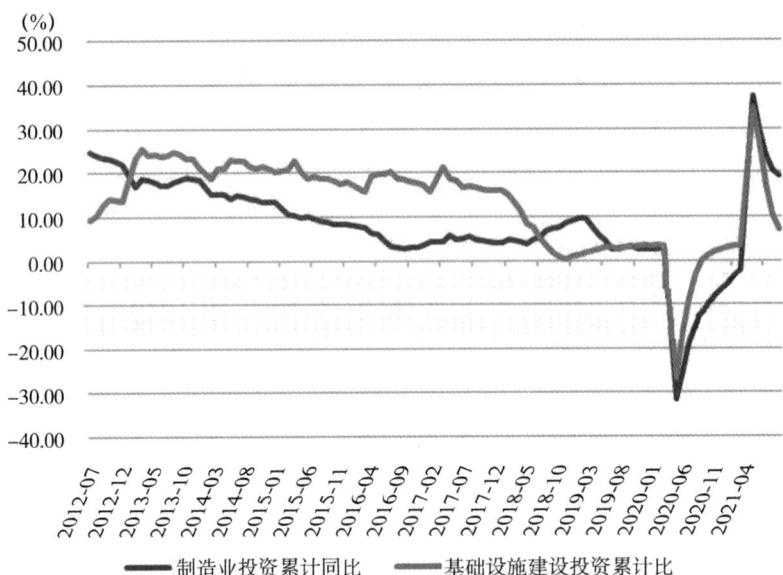

图 2－1　制造业和基础设施投资增速

资料来源：国家统计局。

具体而言，上半年国内投资需求呈现以下三个特点。

第一，房地产投资呈回落趋势。2021 年房地产投资相比疫情之前的 2019 年依然保持稳健，但第二季度房地产活动同比增速出现下降。就房地产销售来看，2021 年 6 月房地产销售同比增速从 5 月的 9.2% 放缓至 7.5%，第二季度平均同比增速也较第一季度明显下降。从房地产投资来看，2021 年 6 月房地产投资同比增速从 5 月的 9.8% 进一步回落至 5.9%，第二季度平均同比增速也出现大幅下滑。

第二，基建投资跌幅收窄。2021 年第二季度整体固定资产投资同比增速有所下滑，但跌幅收窄。究其原因，受制于基建投资的高基数效应，以及公共财政空间收紧、专项债分流作用、优质项目缺乏等因素，基建投资增速回升幅度有限。

第三，制造业投资呈提速趋势。2021 年上半年，制造业投资增长明显。6 月制造业投资同比增速反弹至 16.4%，对固定资产投资形成明显支撑。制造业投资增速迅猛得益于国内经济形势稳定带来的企业所面临的不确定性下降、企业营收好转，加之国内货币政策形成的较为宽松的信贷环境以及全球经济复苏造成的外部订单增长稳健等因素。

（三）消费需求复苏较慢，居民预防性储蓄特征突出

2021 年上半年，随着国民经济稳定恢复，消费市场持续复苏。2021 年 6 月，社会消费品零售总额同比增长 12.1%，增速比 5 月回落 0.3 个百分点；上半年社会消费品零售总额同比增长 23%，比 2019 年同期增长 9%，两年平均增长 4.4%。

总体来看，社会消费品零售和居民消费较 2019 年同期增幅仍低于居民收入增幅，表明储蓄率仍然偏高、尚未降低到疫情前水平。消费复苏一直不快，究其原因是因为经济复苏更多呈现出供给端复苏的特征，而在需求端，居民收入增速明显慢于产出增速，居民预防性储蓄倾向明显，同时还有一部分因素源自芯片供给短缺造成的汽车销售量下滑。

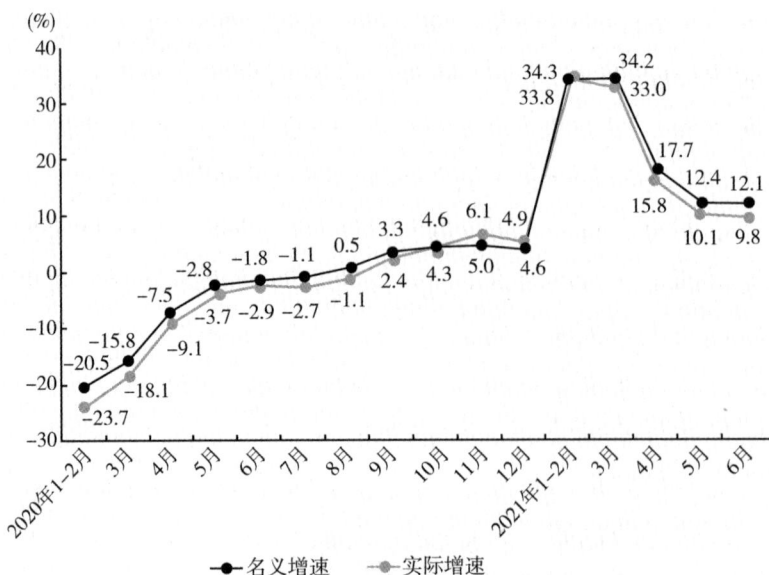

图2-2　社会消费品零售总额增速

资料来源：国家统计局。

（四）消费价格温和上涨，生产价格涨幅较快

首先，CPI同比、环比增速双双回落。食品通胀回落，叠加非食品通胀放缓的影响，CPI同比增速出现今年的首次回落。2021年6月，CPI同比增速由前期的1.3%回落至1.1%，略低于预期；从环比来看，6月CPI环比增速为-0.4%，降幅较前期扩大0.2个百分点。其中，食品价格的同比增速由5月的0.3%降至6月的-1.7%，环比增速的降幅扩大0.5个百分点至-2.2%。排除食品和能源的价格影响，6月核心CPI同比增长0.9%，与前期持平。

其次，PPI增速回落，但PPI与CPI剪刀差较大。2021年6月，石油、铁矿石、铜矿石等大宗商品价格的变动幅度出现分化，叠加低基数效应减弱的因素，PPI同比增幅回落，从前期的9.0%降至6月的8.8%。受此影响，CPI与PPI剪刀差的趋势放缓，但仍保持较大差距：2021年6月，PPI与CPI的同比增速之差维持7.7个百分点的水平。未来，随着基数效应逐渐减弱，大宗商品价格增速放缓，PPI 的上行趋势将有所转变，CPI 与 PPI 剪刀差的趋势将有所缓解。

（五）就业局势整体良好，结构性就业压力严重

与 2020 年相比，2021 年上半年就业形势良好。2021 年 6 月全国城镇调查失业率为 5.0%，与 5 月持平，比上年同期下降 0.7 个百分点。其中，本地户籍人口调查失业率为 5.0%，外来户籍人口调查失业率为 5.1%。但从就业结构来看，16—24 岁人口、25—59 岁人口调查失业率分别为 15.4%、4.2%，青年群体失业率突出。2021 年 1—6 月，全国城镇新增就业 698 万人，完成全年目标的 63.5%。

总体来看，上半年就业呈现出以下特征：其一，总体失业率已经回到疫情前水平，且低于政府工作报告目标，总体就业压力不大。其二，总体失业率主要体现了 25—59 岁人口的就业形势良好，6 月份 25—59 岁人口的失业率为 15.4%，低于 2018—2020 年同期水平。其三，青年群体的就业压力仍然严峻，其主要对应两类群体，一类是毕业大学生，另一类是新进入的农民工群体。横向对比而言，6 月份 16—24 岁人口失业率为 15.4%，16—24 岁人口与 25—59 岁人口的失业率剪刀差继续走阔；纵向对比而言，2021 年 1—6 月青年群体的失业率走势与 2020 年基本持平，且显著高于 2018—2019 年的水平（2018 年、2019 年 6 月份 16—24 岁人口失业率分别为 10% 和 11.6%），这说明青年群体的就业压力在疫情之后并未得到显著缓解。

（六）出口需求强劲增长，未来持续性较弱

2020 年中国出口复苏中起到决定作用的产品是防疫物资。2020 年，口罩对中国出口的拉动达到 1.92 个百分点，在整体出口 3.9% 的增长中占比近半。这是由于中国率先控制住疫情恢复生产，在海外疫情扩散后，中国当仁不让地成为口罩的主要供应国。

2021 年上半年，防疫物资对中国出口的拉动不再，代之以机电产品和其他各类商品的共同拉动。为排除基数波动过大的影响，从两年平均拉动来看，2021 年 1—6 月中国总出口的月均增速为 15.5%，其中，防疫物资（包括口罩和医疗器械）的拉动仅为 0.6%，机电产品拉动了 9.5%，劳动密集型产品（包括塑料、箱包、玩具、服装、家具、陶瓷）拉动 2%，其他产品拉动 3.4%。相比之下，2020 年下半年，防疫物资的拉动为 1.8%、机电产品为 7.9%、劳动密集型产品为 2.5%、其他产品为 -1%。这表明，2021 年上半年中国出口产品拉动的品类多元化，反映了海外经济的更广泛重启。

从贸易结构来看，2021 年上半年，欧盟和东南亚国家对中国出口的拉动快速提升，而美国的拉动则有所下降。2020 年下半年，欧盟对中国出口的拉动平均而言仍为负值，而 2021 年上半年转为月均 3.1% 的正向拉动。随着欧洲逐渐复工复产，其在中国外需中的地位明显提升。2021 年上半年，东南亚的东盟、日、韩及港澳台地区对中国出口的拉动也较 2020 年下半年显著增强。而美国对中国出口的拉动则从 2020 年 6—12 月的月均 3.7%，回落至 2021 年 1—6 月的 2.5%。当然，美国需求仍保持较快增长，还是对上半年中国出口起到了压舱石的作用。

2021 年下半年，随着欧美供应链更加充分地恢复，以及其他欠发达地区供应链逐渐恢复，中国出口的市场份额将面临进一步回落的压力。究其原因，一方面中国外贸出口面临大宗商品价格上涨、汇率波动较大、海运物流不畅等困难和挑战，企业盈利空间被严重蚕食。2021 年以来人民币汇率先升后降，振幅达到 3.3%；在运输成本方面，6 月 18 日中国出口集装箱运价综合指数攀升至 2526.65，创下历史新高，较去年最低点（834.24）大涨 2.03 倍。另一方面，未来，欧美国家进口的拉动正在向中国以外的亚洲国家迁移。2020 年 12 月美国进口同比增长 6.1%，其中中国拉动达到 4 个百分点，中国以外的亚洲国家拉动 1.6 个百分点。而 2021 年 4 月以来，中国对美国进口的拉动明显减弱。2021 年上半年，美国进口同比增长 41.2%，其中中国拉动仅为 1.3 个百分点，而中国以外的亚洲国家拉动 12.1 个百分点。

（七）流动性总体宽松，降准有助于降低融资成本

总体来看，2021 年上半年的流动性较为宽松。在社会融资总量方面，2021 年 6 月社会融资规模增量为 3.67 万亿元，较去年同比多增 2008 亿元，存量同比增速 11%，较上月持平。其中，表内人民币贷款是社融超预期的主要贡献，信用债融资条件改善和专项债发行提速也有所助力。实体融资仍然向好，受到制造业、小微企业信贷政策支持以及专项债发行提速推动基建配套贷款的支撑，票据贷款冲量反映政策对实体融资支持较强。未来，随着高基数效应消退、财政后置特征下政府债券发行提速，以及专项债发行加快进一步带动基建领域融资需求，预计 2021 年下半年融资收缩节奏将进一步放缓，广义流动性趋于好转。

2021 年 7 月 7 日国务院常务会议指出，"针对大宗商品价格上涨对企业生产经营的影响，要在坚持不搞大水漫灌的基础上，保持货币政策稳定性、增强有效性，适时运用降准等货币政策工具，进一步加强金融对实体经济特别是中小微企业的支持，促进融资成本稳中有降"。7 月 9 日，央行宣布于 2021 年 7 月 15 日下调金融机构存款准备金率 0.5 个百分点，释放近 1 万亿元资金。从降准的原因来看，此次降准意在降低企业融资成本，缓解经济发展不均衡的现状，巩固经济的修复。从降准的时点来看也恰到好处，当前时点落地也意在对冲 7 月缴税和 MLF 放量到期带来的资金缺口，缓解资金面的不确定性，避免流动性的剧烈波动，仍具有置换 MLF 到期的含义。因此，此次降准不会带来流动性过剩问题，"坚持不搞大水漫灌"仍是政策要求。

预计 2021 年下半年中国经济增长的动能将边际放缓,尤其第四季度外需回落压力较大,但下半年宏观调控政策边际放松,降准落地引导企业融资成本降低、巩固经济的修复,财政后置发力空间较大,广义流动性有望好转,经济结构更加均衡,经济全年实质下行压力不大。对于资产价格来说,降准落地打开长端利率下行空间,尤其对于股市而言,超预期的降准从情绪上来说对股市存在正向推动。整体来看,预计 2021 年下半年社融收缩节奏放缓、广义流动性将逐步好转。

三　财政收入增速加速恢复,资金
使用效率明显提升

2021 年上半年,全国一般公共预算收入 117116 亿元,同比增长 21.8%,比 2019 年同期增长 8.6%,财政收入较快增长是上半年中国经济高速增长的结果。在财政支出方面,全国一般公共预算支出 121676 亿元,同比增长 4.5%,重点领域支出得到有力保障,财政资金使用效率明显提升。

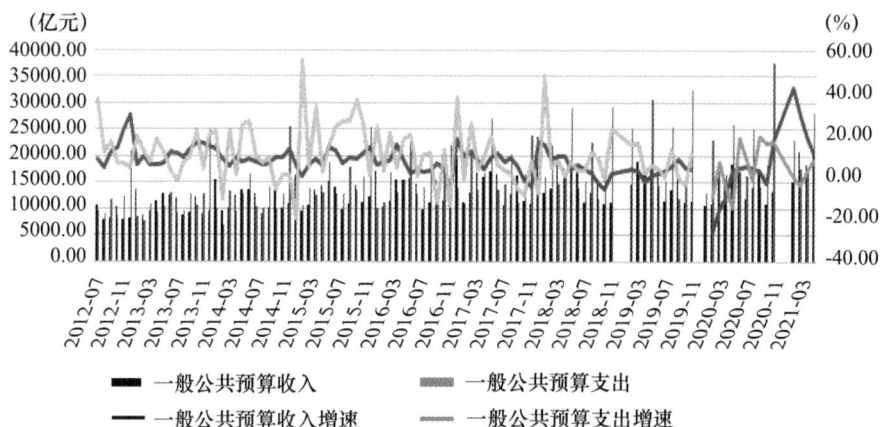

图 2-3　历年全国财政收支情况

资料来源:财政部。

（一）公共财政收入增速加速恢复

2021 年上半年，全国一般公共财政收入同比增长 21.8%，考虑到 2020 年疫情的影响，以 2019 年为基期两年平均的公共财政收入增速为 4.2%，高于 2019 年公共财政收入 0.4 个百分点，公共财政收入增速已高于疫情前水平。但相对来看，全国一般公共预算收入增速仍低于 GDP 增速，若以两年平均增速来看，2020—2021 年名义 GDP 平均增速为 8.6%，高出全国一般公共财政收入平均增速 4.4 个百分点，这一方面是因为 2020 年疫情期间财政收入下滑较快，另一方面也表明了各类减税降费政策取得实效。

（二）税收收入增长明显，印花税、企业所得税贡献显著

2021 年上半年财政收入增长主要由税收收入增速贡献，相比之下，上半年非税收入呈现减速趋势，从累计增速来看，上半年税收收入增速也明显快于非税收入，这意味着随着中国经济的加速复苏，税收收入下行压力扭转，同时财政收入逐渐降低了对非税收入的依赖性。分税种来看，上半年税收收入的增长主要由股票和房地产市场印花税、企业所得税和进出口关税贡献，而消费税和国内增值税的增速相对滞后。

首先，就 2021 年上半年各税种增速而言，股票市场印花税和房地产市场交易税增速最快。受经济复苏预期和证券市场热度影响，2021 年上半年证券交易印花税同比增速为 61.0%，为各税种增速最高，就 2020—2021 年两年平均增速而言，证券交易印花税增速也高达 36.7%，增速明显高出其他税种增速。类似地，今年以来房地产市场行情上涨，受此影响，2021 年上半年房地产交易相关税收增长迅速，其中土地增值税、房产税（房地产交易的契税、个税、营业税和印花税）的两年平均增速分别达到了 9.3 和 4.1 个百分点。

其次，企业所得税保持较快增长。今年年初以来制造业投

资和工业企业利润保持快速增长，受此影响，企业所得税增速也明显提高，2020—2021 年两年平均增速达 4.5%，较 2021 年 1—5 月增速提高 1.6%。预计下半年工业企业利润仍将保持高速增长，企业所得税收入也将保持较快增速。

再次，进出口关税增速稳定。由于中国经济在疫情中率先复苏，中国出口呈现快速增长。2021 年上半年，国内出口仍保持较强韧性，受此影响，2021 年上半年进口环节税收和关税均保持稳定，两年平均增速分别为 3.6 和 3.2 个百分点，增速稳定。预计下半年，受发达国家经济和生产复苏加快影响，外需和国内出口将逐步减弱，进出口环节税收收入可能因此受到冲击。

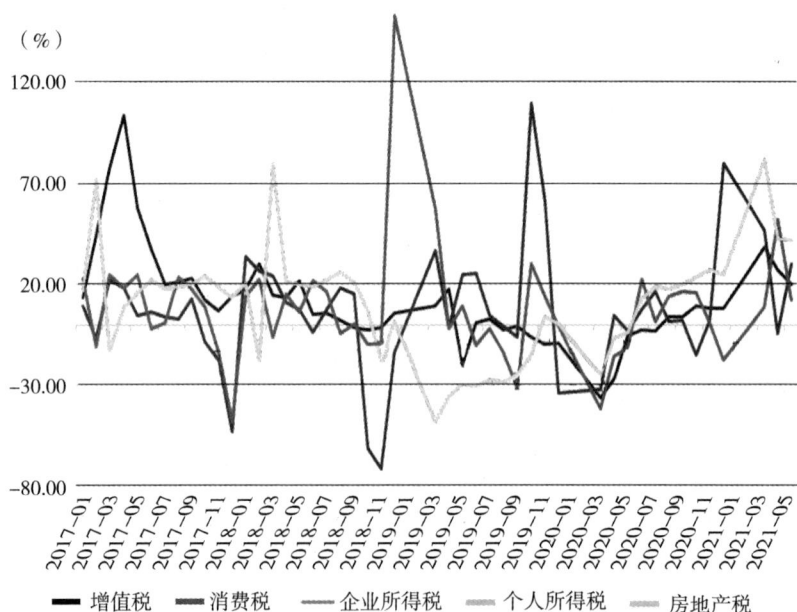

图 2-4　各税种收入同比增速

资料来源：财政部。

最后，国内消费税和国内增值税收入增长较缓。就 2021 年上半年数据而言，2021 年上半年国内消费税和增值税均保持稳定增长。其中，受电动车和成品油销售增长影响，消费税税收增速达 12.8%；增值税在国内制造业复苏和生产端通胀较快（PPI 增速明显高于 CPI）的带动下，同比增长 22.5%。但若考虑到 2020 年的基数效应，国内消费税和增值税的两年平均增速分别只有 1.3% 和 -0.4%，这一方面是由于 2020 年疫情对消费税和增值税造成了更大影响，另一方面，也是因为疫情后中国经济的复苏呈现生产快于消费的特点，受消费复苏滞后影响，国内消费税和增值税收入增速相对缓慢。

（三）财政支出增速放缓，财政赤字明显下降

在财政支出方面，相比 2020 年疫情后财政支出明显增长的逆周期特征，2021 年上半年财政支出节奏更为缓和，财政支出更加侧重于保障重点领域支出，财政资金使用效率明显提升。

就财政支出增速来看，2021 年上半年全国一般公共财政支出增长 4.5%，若以 2020—2021 年两年平均增速来衡量，财政支出增速则降为 -0.8%，是年内首次出现负增长。就 2021 年 6 月来看，当月公共财政支出虽然增长 7.6%，但 2020—2021 两年平均增长降为 -4.0%，由此可见，财政支出增速呈现出较为明显的下降趋势。就中央和地方财政支出来看，2021 年上半年中央和地方一般公共预算本级支出同比分别增长 -6.9 和 6.4 个百分点，但若以 2020—2021 两年平均增速计算，中央和地方一般公共预算本级支出同比分别增长 -5.1% 和 -0.1%，均为负增长。尤其需要指出的是，就两年平均增速而言，地方一般公共预算支出是今年以来首次出现负增长。究其原因，鉴于 2021 年以来中央严格落实过紧日子的要求，中央和地方公共财政支出节奏都更为缓慢，预计下半年财政支出的增速将进一步放缓。

2021 年上半年，由于财政收入保持较快增长和财政支出节奏放缓，财政赤字出现明显改善。从财政收入情况来看，2021 年上半年公共财政收入完成进度为 59.3%，而公共财政支出完

成进度为 48.6%，公共财政实际赤字 4560 亿元，仅为 2020 年同期水平的 22.5%，财政赤字明显下降。鉴于下半年财政支出增速进一步缓和，预计全年财政赤字率也将有所下降。

四　下半年和中长期中国经济增速判断

目前，中国经济增长的态势总体上趋稳，考虑到疫情造成的基数效应的消除，预计下半年经济仍将继续回归潜在经济增速。整体来看，实现 6% 以上的经济增长目标并无压力，全年经济增速有望维持在 8.5% 左右。

（一）下半年宏观经济运行动力更趋均衡

展望下半年，全球疫情形势逐渐好转，工业生产动力不减，服务业复苏步伐加快，投资总体稳步向好，消费意愿持续提高，大宗商品价格高位趋稳并回落，中国生产和需求、内需和外需、上游企业和下游企业发展将更加均衡。由于基数效应影响，中国经济增速将逐渐回归潜在增长区间。

1. 生产端复苏加快

下半年，生产端复苏同时面临着机遇和挑战。一方面，海外疫情进一步得到控制，同时考虑到 2021 年是"十四五"规划开局之年，一批重大投资项目上马建设，工业增长动力增强，预计生产端将加速复苏。但另一方面，下半年生产端的经济复苏也面临着一系列的挑战，比如芯片问题制约部分制造业发展，大宗商品价格高企导致加工企业生产成本增加，企业发展不均衡现象仍较突出，人民币升值对工业产品出口形成制约，等等。

在服务业方面，预计下半年服务业生产复苏步伐加快。随着国内疫情防控形势的好转和疫苗接种率的进一步提升，居民出行意愿增强，餐饮、旅游、住宿、交通等接触性服务行业需求潜力将得到持续释放。伴随文化、娱乐、体育业与数字经济深度融合，服务业数字化、网络化、智能化转型将进一步加快。

2. 三大需求趋于均衡

第一，投资需求稳中蓄力。首先，在政府投资方面，由于上半年地方债发行和财政支出较慢，占比不足全年新增额度的30%，下半年地方债发行节奏将加快，财政支出亦将提速，推动基建投资小幅回升；鉴于2021年是"十四五"规划开局之年，各地基建项目储备相对充裕，政府资金保障程度较好，基建投资有望延续平稳增长。其次，在制造业投资方面，由于目前工业产能利用率处于较高水平、制造业企业利润加速恢复，企业预期持续向好，国有企业效益明显改善，预计下半年制造业投资将保持良好增长势头，但是民营企业和中小企业面临较大压力，部分沿海制造业企业因原材料成本上涨、人民币升值、对美出口关税高企等原因影响投资信心，受此影响，预计制造业投资将呈现波动恢复走势。最后，在房地产投资方面，随着房企融资"三道红线"、银行贷款"两个上限"、政府供地"两集中"等调控政策落地显效，房地产市场投资将承压回落。

第二，消费需求稳步修复。预计2021年下半年，受经济复苏影响，就业形势总体稳定、灵活就业渠道不断拓宽、居民收入稳步增长，加之一系列促进消费政策不断出台落实等都有利于消费稳步扩大。同时，伴随着数字技术对各个产业和应用场景的加速渗透、线上线下融合的提速、人们消费习惯的改变以及国家政策的支持，中国新型消费仍将继续保持较快增长势头。但也要看到，居民收入恢复偏慢，尤其是低收入群体和小城市居民的收入增长滞后，将对未来消费潜力的进一步释放形成制约。

第三，外贸增速稳中趋降。由于全球经济持续复苏，国际市场需求增加，中国进出口仍将保持良好增势。但是，随着下半年出口基数抬升，中国出口增速将出现回落。未来，随着全球疫情形势好转和产业链供应链逐渐恢复，出口订单向中国转移的效应将逐步减弱。

3. 物价涨幅分化势头缓解

第一，CPI将温和上行。目前来看，尽管PPI在短期内仍将维持较高增速，但其涨幅主要来自生产资料价格，生活资料价格则保持相对平稳，因此向CPI的传导将相对有限。同时，随着猪肉价格继续回落，将对CPI涨幅构成抑制。因此，CPI将呈现温和上行走势。

第二，PPI将逐渐回落。随着全球疫情形势逐渐好转，世界经济复苏趋向均衡，主要商品生产和供应链逐步恢复，国际大宗商品的供需矛盾将有所缓和。同时，在国内房地产和基建投资增长乏力的情况下，大宗商品需求稳中有降，未来工业品价格将高位震荡走低。

（二）中长期中国经济回归潜在经济增速

1. 中国经济增长的外部环境分析

受全球疫情、全球金融市场持续波动、各国创新与增长动力的长期疲弱等因素影响，预计中期内全球经济仍将处于低速增长阶段。目前来看，美国逐渐走出疫情影响，增长前景逐步好转，宏观经济政策将逐步回归常态；相比之下，欧元区仍深受疫情影响，失业和债务问题仍将形成长期困扰；日本人口老龄化、债务高企等问题对经济增长形成较大制约；新兴经济体受疫情影响更为明显，且受结构性矛盾、金融风险上升、国际资本波动等因素影响，增速明显放缓。

中长期来看，预计世界经济在2021—2035年仍将保持增长态势，但也存在一些不利因素。一是人口红利逐步消退。由于资源、环境、生态等方面地球承载能力的限制，未来全球人口增长将呈现逐步下降趋势。据联合国推算，世界整体的生产年龄人口比率已在2013年达到顶峰，长期人口增长率将急剧下降，而且劳动力成本上升压力增大，影响全球企业的生产率，从供给方面给经济增长造成压力。二是发展中国家面临转型，全球经济增长的主要动力——发展中国家结构转型步伐将加快。长期以来，发展中国家经济得以快速增长主要得益于较高的国民储蓄率，但随着人口老龄化的加深，这一特征将发生转变，尤其是储蓄率下降将迫使部分发展中国家由投资主导向消费主导转变，同时以服务业为代表的第三产业比重提高。

2. 要素变化趋势判断

首先，从资本要素来看，战后各国的实际投资率均呈现上升趋势，尤其是全球化拓展深化使得信息、技术转移越发便利，后进国家在追赶期的投资率更是呈现不断提升的规律。就中国而言，长期以来中国经济一直具有高储蓄特征，而高储蓄率必然导致高投资率。从各国历史经验来看，如果一个经济体储蓄率能占到 GDP 的 30% 或者更多，那么它必然会保持较快经济增速。预计未来，中国的高储蓄特征不会改变，但随着人口老龄化加剧储蓄率呈逐步降低趋势，投资率也将有所下滑。据此判断，2021—2050 年期间中国投资增速将逐步回落，但由于目前投资增速快、惯性大，2021—2050 年期间前期投资平均增速较高，中后期将呈递减趋势，预计 2021—2025 年、2026—2035年、2036—2050 年三个时段资本存量年均增速分别在 6.4%、6.0% 和 3.1% 左右。

其次，从劳动力要素来看，近年来，受总人口增速下降以及人口老龄化趋势不断深化影响，中国劳动年龄人口增速已经在不断趋缓，2021—2050 年期间中国劳动力数量将呈下降态势，预计 2021—2025 年、2026—2035 年、2036—2050 年三个时段劳动力数量年均增速分别在 - 0.010%、- 0.008% 和 - 0.012% 左右。

最后，就全要素生产率（TFP）的情况来看，2021—2035年中国全要素生产率的变化趋势主要取决于所处的技术进步或创新周期阶段。预计受经济增速换挡影响，2021—2050 年期间中国全要素生产率增速亦将呈下降趋势，但 TFP 增速仍将处于 2% 以上。

3. 中国经济潜在增长率预测

从资本和劳动力要素来看，中长期投资增速仍将保持较高增速，但人口老龄化将导致劳动力供给有所下降。综合考虑影响中国潜在经济增长的要素投入及其变化规律，预计 2021—2025 年 GDP 年均增速为 5.5%，资本积累依然是拉动经济增长的主要动力，随着对 R&D 投入的增加、人力资本增长以及通过改革增强市场活力，全要素生产率对经济的贡献有望提高；2026—2050 年间中国 GDP 年均增长仍将达到 3.5% 以上。

表 2 – 3　　　　各要素对经济增长的贡献度和贡献率　　　　单位：%

经济增长	GDP 年均增速	资本存量		劳动力		全要素生产率	
阶段		贡献度	贡献率	贡献度	贡献率	贡献度	贡献率
2016—2020 年	6.6	3.53	53.45	0	− 0.04	3.07	46.58
2021—2025 年	5.5	2.86	52.08	− 0.01	− 0.15	2.64	48.06
2026—2050 年	3.5	1.02	29.23	− 0.01	− 0.23	2.49	71

资料来源：作者根据生产函数和情景模拟推算得出。

五　优化财政货币政策，防范经济金融风险

2021 年下半年，基数效应、政策刺激效应、贸易替代效应趋弱叠加，预计宏观经济增速将继续回落。为保持经济稳定恢复，并在恢复中达到更高水平均衡，应保持宏观政策连续性、稳定性、可持续性，针对经济领域存在的突出问题，把握时度效，精准实施财政、货币、就业等调控政策，加快构建新发展格局，着力推动高质量发展，使经济在恢复中达到更高水平均衡。

（一）宏观调控方式须转型升级，调控目标有待适度调整

第一，保证政策的"连续性"的同时提升宏观调控的有效性。考虑到下半年宏观经济形势，宏观调控方式需要提质增效，避免出现过度宽松和"政策悬崖"，产业政策更加注重促进公平竞争和鼓励创新，保持经济增长的动力和活力。与此同时，鉴于中国宏观调控在使用财政政策和货币政策进行总量调控的同时，还带有部分行政手段，未来中国宏观调控应朝向市场化的方向转型，更多地强调经济稳定和结构优化。

第二，适度调整宏观调控目标。从发达国家宏观调控经验来看，大多经历了由多目标向突出物价稳定的单目标转变的过程。从中国宏观调控的目标来看，由于经济处于增长和转型时期，中国宏观调控在一定程度上同时追求增长、就业、通胀、汇率、外储水平、金融稳定和结构调整等至少七个目标，当政策目标发生冲突时，中国宏观调控往往在增长就业目标和稳定目标之间徘徊，从而出现阶段性偏差，加剧经济波动性并滋生金融风险。因此，在新的经济形势下，考虑到中长期内经济潜在增速的下降，高速的经济增长不宜再成为宏观调控追求的主要目标。与此同时，中国经济发展还面临结构性失衡难题，结构性失衡和结构调整是一项长期而艰巨的任务，并非短期的总量扩张的经济政策所能解决。因此，宏观调控应更为关注结构性问题，避免大收大放的调控方式，以市场化为导向，注重发挥市场在资源配置中的决定性作用，进一步发挥宏观稳定器作用，提升政策的前瞻性、针对性、有效性，为改革营造良好的宏观经济环境。

第三，政策期限更应锚定中长期。宏观调控的目的是使经济周期更为平稳化，避免较大的经济波动性。而在负面冲击较为严重的情况下，严格实现经济增长的年度目标不仅成本较高，且偏离了熨平经济周期的初衷。因此，中期内可以修改公布年度经济增长目标为公布两到三年的经济增长目标，在更长的周期内实现宏观调控目标。同时，可以借鉴欧美等国的宏观调控经验，修改经济增长的目标区间为预测区间，增强宏观调控的政策权衡空间。

（二）财政政策要提升效能，财政资金使用效率须进一步提高

第一，财政政策应聚焦新型基础设施和产业升级。区别于传统的扩张型财政政策，新形势下积极的财政政策要坚持重点支持具有乘数效应的先进制造、民生建设和新型基础设施短板等领域，持续激发内需活力。具体而言，财政政策可以通过适度调整相关企业所得税税率和增值税税率，刺激企业扩大固定资产投资规模以及生产能力。同时，还应健全支持中小企业、高新技术企业及战略性新兴产业发展的税收政策，应适度扩大增值税抵扣范围，鼓励风险企业扩大投资，通过实行再投资退税以及允许投资损失直接抵减资本利得的政策，降低企业的风险，增强企业家进行投资的愿望和信心，从而促使中国经济结构由传统工业向高技术工业、投资主导向消费主导的调整和转换。

第二，调整财政支出结构，提高财政资金的使用效率。财政政策要从那些属于市场竞争性的投资中解脱出来，调整财政支出结构，压缩经济事务支出和一般公共服务支出的比例，加大对教育、医疗、社会保障、保障性住房等"民生"领域支出，加强传统产业的技术改造和创新，积极培育新的经济发展支柱产业。这样不仅可以节省财政支出，而且有助于减少因财政支出错位产生的"挤出"效应，为企业公平竞争创造良好的外部环境。

第三，推动积极的财政政策落实落细。要落实落细常态化财政资金直达机制，鼓励各地推行分层、分阶段机制，按时、合理地将剩余直达资金下达到位，形成实际支出。加大财力下沉基层力度，引导地方在中央直达资金基础上因地制宜扩大当地直达资金的范围和规模。同时要用好地方政府专项债券，合理把握发行使用节奏，提高债券资金使用绩效，重点支持疫情后经济发展及短板，优先支持在建工程，继续支持区域发展、"两新一重"、民生项目。

（三）增强货币政策灵活适度，注重防范经济金融风险

第一，增强货币政策灵活性，注重降低实体经济融资成本。在货币政策方面，应坚持稳健的货币政策，保持流动性合理充裕，强化对实体经济、重点领域、薄弱环节的支持。应确保货币供应量和社会融资规模增速与名义经济增速基本匹配，保持流动性合理充裕。同时在宏观杠杆率基本稳定的情况下，关注债务利息支出占国内生产总值的比率，注重防范经济金融风险。为此，可以利用 MLF、SLF、再贷款、再贴现等多种货币政策工具，保持市场流动性合理充裕；同时，促进信贷结构优化，引导银行加大对民营企业、制造业中长期贷款的支持力度。在降低实体经济融资成本方面，可以通过下调 MLF 等政策利率，引导 LPR 利率下行，切实减轻企业负担，并加快推进金融机构资本补充，提高金融机构服务实体经济的能力。

第二，防范美联储货币政策调整的冲击。随着美国经济复苏的加快，美联储调整货币政策退出量化宽松的节奏将加快，为此，应加强对美国金融市场和国际金融市场、跨境资金流动的跟踪监测，提高对跨境资金流出风险的预警能力。在人民币汇率形成机制方面，增强人民币汇率弹性，扩大人民币汇率浮动区间，通过汇率波动缓释潜在金融风险。除此之外，还应加强货币政策的国际协调，联合新兴市场国家促使发达国家提高货币政策退出信息的透明度以及调整节奏的可预见性。与此同时，坚持国内货币政策"不急转弯"，维持适度合理的流动性环境，加强与市场的政策沟通，引导和管理好预期。

　　第三，做好有效应对输入性通胀的稳价保供工作。货币政策应密切跟踪国际大宗商品生产、消费、贸易、价格的最新变化，制定合理的风险分级和政策响应机制，做好应对输入性通胀的预案和政策储备。

（四）在疫情防控长期化的同时多举措稳就业促增收

　　第一，疫情防控要持续筑牢"外防输入、内防反弹"疫情防线。鉴于当前阶段疫情防控的常态化，要清醒认识当前疫情防控"外防输入"的严峻性、紧迫性和复杂性，时刻紧跟防控形势的新发展、新变化，防范化解疫情冲击导致的各类衍生风险，严格落实常态化疫情防控举措，全面消除各类风险隐患。与此同时，要加快推进疫苗接种，切实加强应急管理，完善应急预案，主动应对，确保万无一失。

　　第二，在就业方面要着力抓好高校毕业生、农民工等重点群体就业。为此，应落实好党政机关、事业单位、国有企业等空缺岗位主要招聘应届高校毕业生的政策，积极拓宽基层就业渠道，继续开展农民工就业服务专项活动，加大对农民工等群体创业担保贷款和贴息政策落实力度。与此同时，进一步做好公共就业服务，鼓励校企之间线上供需对接，推进职业指导服务进社区、进校园、进企业。最后，还要强化对困难群体的就业帮扶，注重安置就业困难人员和零就业家庭就业，逐步推进就业援助制度化。

（五）补齐产业短板，加快形成双循环新发展格局

　　第一，加快工业基础产业链补短板。中华人民共和国成立70多年来，中国工业走过了发达国家几百年的工业化历程，拥有41个工业大类、207个工业中类、666个工业小类，形成了独立完整的现代工业体系，是全世界唯一拥有联合国产业分类中全部工业门类的国家。然而，中国制造业产业链在一些高科

技环节仍受制于人。为形成"双循环"新发展格局，对于那些对未来投资具有战略意义的技术、处于供应链上游的技术或具有较长成熟度的技术，应该获得更大的政策支持和投资补贴。

第二，加强服务业的技术创新。长期以来，中国产业发展非常依赖外需和出口导向，导致制造业占比过高，服务业在一定程度上受抑制。未来产业发展更加依靠自主技术创新，尤其是更加依靠服务业的技术创新，对产业结构形成优化效应。为此，应加强企业自主研发，攻克产业发展的"卡脖子"环节，加强技术创新的可持续性。

第三，扩大开放，降低行业准入门槛。在扩大开放方面，应深度推进负面清单管理模式，降低外资行业准入门槛，鼓励外资和社会资本进入垄断行业，保障外资企业在经济上实现平等竞争，并推进投资审批、土地、外贸、财税扶持方面的待遇公平化，促进公平竞争。与此同时，应从根本上改变产业政策前置审批过多与监管失效的状况，使产业政策总体上朝向更加市场化方向迈进。可以借鉴上海自贸区的负面清单管理模式，同步推进行政审批与监管体制改革，在放宽市场准入、削减行政审批事项的同时形成事中事后全过程的市场监管，在确保放活市场的同时建立有效监管、统一开放和竞争有序的市场体系。

（执笔人：闫坤　汪川）

2021 年第三季度中国宏观经济与财政政策分析报告

——中国经济均衡增长与财政政策优化思路

内容提要： 第三季度，全球经济复苏之路不均衡、分化和断层。全球经济延续了上半年的复苏态势，但复苏进程放缓，IMF、世界银行、OECD 等国际机构均下调了全球及其主要经济体的 2021 年全年增长率。各国普遍面临财政不足、供应链短缺、通胀等困难。更重要的问题是，尽管新冠肺炎疫情在不同地区反复暴发，但受限于各国卫生条件、疫苗接种程度、财政实力等差异，发展中国家的复苏之路更加艰难，一些低收入发展中国家和人群面临严重的贫困问题。简言之，全球经济复苏放缓，发达经济体与发展中经济体出现分化，低收入国家与高收入国家出现断层。

相比全球经济增长的放缓和不平衡，中国经济增长速度更快、更均衡。前三季度延续疫情后恢复态势。前三季度中国国内生产总值 823131 亿元，按可比价格计算，同比增长 9.8%，两年平均增长 5.2%，比上半年两年平均增速回落 0.1 个百分点。这反映出第三季度经济数据延续了 2020 年第二季度以来平稳向好的发展态势，基本趋势保持稳定，且前三季度经济增长 9.8%，为全年经济增长高于 8% 奠定了基础。消费"压舱石"作用显著，前三季度最终消费支出对经济增长贡献率达 64.8%，比上半年提高了 3.1 个百分点。尽管消费对经济增长贡献率提高，社会消费品零售总额增速有所提升，但是增速仍然较低。仍需充分发挥国内超大市场优势，尤其是近期公布的几个国际消费中心城市扩大消费任重道远。投资增速延续回落，基建投资成为主要拖累。房地产投资下滑较快，且有进一步下调风险。外贸外资形势大好，中国保持货物贸易第一大国地位，仍是全球最佳投资目的地之一。中国新增就业较多、失业率较低，但三季度全国居民可支配收入的两年平均增速下降、可支配收入的中位数增速偏低。与此同时，芯片荒为代表的国际供应链短缺、国内局部疫情、汛情、恒大债务、电力供给不足等短期扰动因素轮番登场，成为扰动经济的"黑天鹅"，但中国经济发展还是表现出了强大的韧性和活力。

未来经济增长压力大但足以实现 2035 年远景目标。2020 年第三季度、2021 年第三季度、两年平均增速都是 4.9%，这表明在常态化防疫的背景下 4.9% 是一个相对稳定的增长率，可以说是中国疫情期间的稳态或潜在增长率。而且 4.9% 与中国疫情前的潜在增长率相差不大，表明中国基本收复新冠肺炎疫情所造成的几乎所有失地，取得了和假设没有疫情情境下差不多的增长水平。考虑到能源短缺、洪涝灾害等极端事件正在缓解，以及财政政策、货币政策、产业政策等宏观调控可能加码，我们预计第四季度两年平均增速会小幅上升至 5.2%，2021 年全年 GDP 将较 2020 年增长约 8.1%，人均 GDP 达到 1.2 万美元，成为高收入国家。根据测算，当前的增长速度延续下去，可以基本完成 2035 年远景目标。

财政收入恢复性增长态势总体平稳，财政支出增速较低，但收支缺口仍较大。政府性基金预算收支也在改善。国际社会在第三季度进行了一次较大的税制改革探索，二十国集团（G20）财政部长和央行行长第三次会议发布公报称，已就更稳定、更公平的国际税收框架达成历史性协议。近期，国内影响较大的税制改革则是房地产税试点。

未来，应继续实行稳健的货币政策，积极财政政策要加大力度。优化财政政策和提高中国经济发展质量的主要对策包括：保收入和保就业应当作为积极财政政策跨周期调节的重要落脚点；结合居民收入状况，积极稳妥推进房地产税试点；依托数字经济提高经济增长韧性和财税收入，促进共同富裕；加快应对能源紧缺、芯片荒、恒大债务等局部突发问题；构建新发展格局，扩大开放力度；降低国际交往的制度成本，利用好疫情"窗口期"。

关键词：全球经济复苏　供应链短缺　均衡增长　2035年远景目标　财政政策

2021年第三季度，全球经济复苏放缓，发达经济体与发展中经济体出现分化，低收入国家与高收入国家出现断层。中国经济增长速度更快、更均衡，第三季度经济数据延续了2020年第二季度以来平稳向好的发展态势，第二、第三产业和消费投资保持稳定，外贸外资、就业形势大好，财政收支结构改善，但也出现了电力短缺、房地产企业债务等局部风险事件。第三季度4.9%的经济增速表明中国已经基本走出疫情冲击，且前三季度经济增长9.8%，为全年经济增长高于8%奠定了基础。展望2021年全年，我们预计第四季度两年平均增速会小幅上升至5.2%，全年GDP将较去年增长约8.1%，人均GDP达到1.2万美元，成为高收入国家。根据测算，当前的增长速度延续下去，可以基本完成2035年远景目标。

一　全球经济复苏之路不均衡、分化和断层

第三季度，全球经济延续了2021年的复苏态势，但复苏进程放缓，IMF、世界银行、OECD等国际机构均下调了全球及其主要经济体的2021年全年增长率。各国普遍面临财政不足、供

应链短缺、通胀等困难。更重要的问题是，尽管新冠肺炎疫情在不同地区反复暴发，但受限于各国卫生条件、疫苗接种程度、财政实力等差异，发展中国家的复苏之路更加艰难，一些低收入发展中国家和人群面临严重的贫困问题。简言之，全球经济复苏放缓，发达经济体与发展中经济体出现分化，低收入国家与高收入国家出现断层。

（一）全球经济复苏进程放缓

全球经济持续复苏，但受疫情反复、供应链短缺等影响，复苏势头已经减弱。高传染性的德尔塔毒株肆虐全球，危及人们的健康，影响了正常的生产生活。同时，芯片荒、能源荒等席卷全球，经济实现完全复苏的进程受阻。

IMF 预计，2021 年全球经济将增长 5.9%，较 7 月预测值下调 0.1 个百分点。其中，发达经济体经济将增长 5.2%，较 7 月份预测值下调 0.4 个百分点，美国经济将增长 6%，较 7 月份预测值下调 1 个百分点。此外，亚洲经济体增速也被普遍下调，对中国 2021 年的增长预测下调了 0.1 个百分点至 8.0%，对日本的增长率预估下调 0.4 个百分点至 2.4%，对东盟五国（印度尼西亚、马来西亚、菲律宾、新加坡和泰国）的增长预估下调 1.4 个百分点至 2.9%。全球主要经济体近三年的经济增长实际值和 2021 年的预测值，如表 3-1 所示。

表 3-1　　　　　2018—2021 年全球经济增长率　　　　单位:%

统计项	年同比			
	2018 年	2019 年	2020 年	2021 年
全球	3.6	2.9	-3.1	5.9
发达经济体	2.2	1.7	-4.5	5.2
美国	2.9	2.3	-3.4	6.0
欧元区	1.9	1.2	-6.3	5.0

续表

统计项	年同比			
	2018 年	2019 年	2020 年	2021 年
德国	1.5	0.6	−4.6	3.1
法国	1.7	1.3	−8.0	6.3
意大利	0.8	0.3	−8.9	5.8
西班牙	2.4	2.0	−10.8	5.7
日本	0.3	0.7	−4.6	2.4
英国	1.3	1.4	−9.8	6.8
加拿大	2.0	1.6	−5.3	5.7
其他发达经济体	2.6	1.7	−1.9	4.6
新兴市场和发展中经济体	4.5	3.7	−2.1	6.4
亚洲新兴市场和发展中经济体	6.3	5.5	−0.8	7.2
中国	6.7	6.1	2.3	8.0
印度	6.1	4.2	−7.3	9.5
东盟五国	5.3	4.8	−3.4	2.9
欧洲新兴市场和发展中经济体	3.2	2.1	−2.0	6.0
俄罗斯	2.5	1.3	−3.0	4.7
拉丁美洲和加勒比	1.1	0.1	−7.0	6.3
巴西	1.3	1.1	−4.1	5.2
墨西哥	2.1	−0.1	−8.3	6.2
中东和中亚	1.8	1.2	−2.8	4.1
沙特阿拉伯	2.4	0.3	−4.1	2.8
撒哈拉以南非洲	3.3	3.1	−1.7	3.7
尼日利亚	1.9	2.2	−1.8	2.6
南非	0.8	0.2	−6.4	5.0
低收入发展中国家	5.1	5.1	0.1	3.0

注：2021 年为预测值。

资料来源：国际货币基金组织（IMF）：《世界经济展望》2021 年 10 月。

（二）发展中国家贫困率上升

当前，全球经济正经历不均衡复苏，存在不平等状况恶化以及低收入和中等收入国家被落下的风险。新冠肺炎疫情走势尚存不确定性，很多国家的疫苗接种面临障碍。低收入和中等收入国家面临严重脆弱性，需要更强有力的政策、制度以及资源来增强其韧性。

　　发达经济体的复苏明显快于发展中经济体。近年来，新兴市场和发展中经济体（不包括中国）的增速明显下滑，印度、俄罗斯、巴西、南非、阿根廷、土耳其等国家全面失速甚至有的还陷入经济危机，"金砖国家"、G20 等体现发展中国家话语权的多边体系国际影响力也随之下降。新兴市场和发展中国家群体性崛起的速度受阻，中国在其中的引擎作用进一步凸显。在新冠肺炎疫情暴发后，这个趋势更加明显。IMF 预计，发达经济体的总产出预计将在 2022 年恢复至疫情前的趋势水平，在 2024 年超出疫情前趋势水平 0.9%；相反，到 2024 年，新兴市场和发展中经济体（不包括中国）的总产出预计仍将比疫情前的预测值低 5.5%，这意味着这些国家在提高生活水平方面的进展将出现更严重的倒退。也就是说，尽管新兴市场和发展中经济体的增长速度仍然略快于发达经济体（如表 3－1 所示），但相对于各自在疫情前的趋势水平而言，前者明显退步了，而后者正在迎头赶上。OECD 于 2021 年 9 月发布的最新经济展望（Keeping the Recovery on Track）得出了与 IMF 相似的结论，预计到 2022 年年底，20 国新兴市场经济体中位数的产出缺口将是 20 国发达经济体中位数的两倍。① 为此，新兴市场和发展中经济体要特别警惕疫情期间陷入"中等收入陷阱"。IMF 预测，在过去 10 年里人均收入水平向发达经济体趋同的新兴市场和发展中经济体中，有超过 50% 将在 2020 年至 2022 年出现人均收入差距扩大的趋势。②

　　更值得关注的是低收入发展中国家的贫困问题。2021 年 9

---

① 《OECD 下调全球经济增长 0.1% 至 5.7%，预计 2021 年中国经济增长 8.5%》，澎湃新闻网，2021 年 9 月 23 日，https：//m. thepaper. cn/baijiahao_ 14639543。

② 国际货币基金组织（IMF）：《世界经济展望》2021 年 1 月。

月，BBC 公布的全球民意调查指出，各经济体居民均认同 2021 年疫情加深了贫富差距，贫困国家所受冲击尤为严重。世界银行研究发现，在全球经济复苏的背景下，贫困国家经济并未获得同等程度的复苏，或者说全球复苏进程正绕过最贫困国家，它们面临深度且长期的贫困危机和社会不平等持续扩大的挑战。2021 年，位于全球收入分配最底层 20% 的人口，其平均收入较疫情前降低 6.7%；而排名前 20% 的人口，平均收入仅降低 2.6%，如图 3 - 1 所示。收入下滑已转化为全球贫困率的激增。受疫情影响，全球约有 9700 万人每天以不到 1.90 美元为生，这使得全球贫困率从 7.8% 增至 9.1%，如图 3 - 2 所示。据估计，全球在终结极端贫困方面已经丧失了 3—4 年取得的进展。

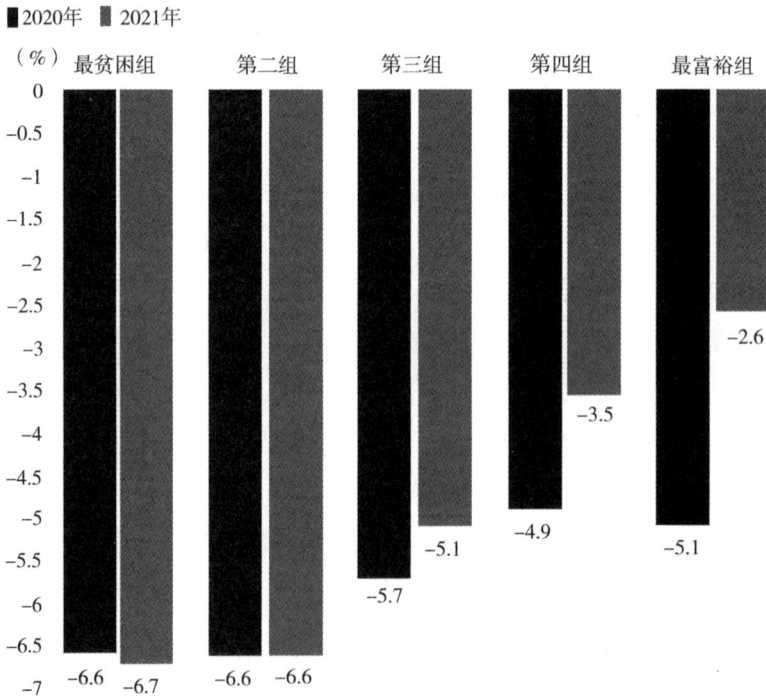

图 3 - 1　2020 年和 2021 年全球不同收入群体的收入下滑情况

资料来源：Sánchez-Páramo C., Hill R., Mahler D. G., Narayan A., and Yonzan N., *COVID - 19 Leaves a Legacy of Rising Poverty and Widening Inequality*, World Bank, October 7, 2021。

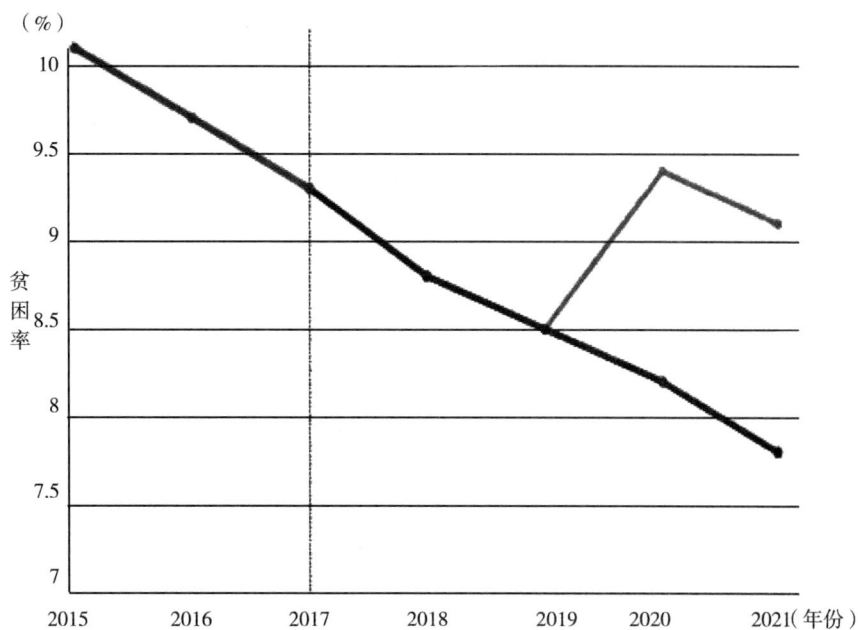

图 3 - 2　2015—2021 年全球极端贫困发生率

注：1. 2017 年及之前数据为官方公布的全球贫困率，最近一次是 2017 年数据；2. 2017 年之后数据的连续下滑直线为世界银行在疫情前作出的预测值；3. 2020 年和 2021 年的折线数据为世界银行在疫情后作出的预测值。

资料来源：Sánchez-Páramo C.，Hill R.，Mahler D. G.，Narayan A.，and Yonzan N.，*COVID - 19 Leaves a Legacy of Rising Poverty and Widening Inequality*，World Bank，October 7，2021。

造成各国复苏不均衡（尤其是低收入国家贫困率升高）的原因，既有疫情应对能力的差异，也有各国产业禀赋的不同。在发达经济体，超过 60% 的人口已经完成疫苗接种，并且一些人正在接种加强针，但低收入国家仍有约 90% 的人口没有接种疫苗。低收入国家的产业层次较低，也是造成复苏较慢的重要原因。联合国工业发展组织于 2021 年 10 月发布《2021 年第二季度全球制造业生产报告》显示，2021 年第二季度全球制造业产出同比增长 18.2%，但各行业复苏速度不同加剧了地区不平等，其中，高科技行业增长了 20% 以上，而技术含量较低的行业产出增速仅为 13%。① 国际劳工组织（International Labour Organization）2021 年的最新报告则显示，受新冠肺炎疫情全球大流行影响，平台劳动已经出现供过于求的趋势。这表明，全球失业人口依靠数字经济打零工增加收入的路径已经很难了。②

（三）发达国家供应链短缺并引发通胀

全球供应链向安全化方向调整。新冠肺炎疫情大流行期间的大封锁、大中断让多数国家认识到供应链安全的重要性。无论是人为的政策性封锁或抢夺造成的供应链防御型安全问题，还是传染病等非人为的客观性往来中断造成的供应链管理型安全问题，都成为各国决策者决意应对的问题。2021 年，全球供应链和研发格局的分布开始由效率导向更大程度转向安全导向。一些国家强调"国家安全"优先，转而把所谓技术含量高的环节保留在国内，或者从可能"威胁"其"国家安全"的国家转到其他国家，特别是转到那些在传统安全上对自己存在高度依赖的国家，这对全人类的科学研究和技术进步事业产生掣肘效应。2021 年 2 月，拜登签署行政命令，指示审查半导体晶片、电动车电池、稀土和药物四种产品，以及国防、公共卫生、通信技术、运输、能源和食品生产六大领域的供应链。2021 年 5 月，欧盟委员会发布了更新的《欧盟工业战略》，提出解决技术和工业战略性依赖问题。欧盟委员会在进口到欧盟的 5200 种产品中确定了 137 种高度依赖产品（占欧盟商品进口总值的 6%），这种依赖性主要存在于能源、医疗以及与欧洲绿色和数字转型

---

① United Nations Industrial Development Organization, "World Manufacturing Production: Statistics for Quarter II 2021", October 4, 2021.

② International Labour Organization, "World Employment and Social Outlook 2021: The role of digital labour platforms in transforming the world of work", February 23, 2021.

相关的重要产品，其中 34 种产品的依赖性相对更大，因为这些产品难以实现多样化和寻找替代产品。2021 年 6 月，德国联邦议会通过《供应链法》，要求德国大企业从 2023 年起有义务对其供应商侵犯人权和破坏环境行为采取行动，为政府干预产业链提供了法律依据和强制性要求。

然而，美欧对供应链安全化的考量过于狭隘，用自我封锁的逆全球化做法无法换取供应链的安全，反而导致供应链缺乏弹性，出现芯片荒、能源荒以及疫苗等关键物资极度紧缺，最终使得供应链非常不安全。2021 年 8 月份公布的一项由经济学人智库（Economist Intelligence Unit）和花旗集团（Citi）联合调查结果显示，全球各行各业都或多或少地遭受供应链中断打击，汽车行业受供应链中断冲击最大；一些企业正从长远的角度重新考虑其供应链，约三分之一的受访者对供应链进行了彻底改革。① 英国《经济学人》认为，全球供应链已经非常脆弱，各国在疫情期间通过了 140 多项特殊贸易限制措施，许多国家悄悄加强了对外国投资的审查，但是让全球化搁浅将是一个错误。② 实际上，真正的安全立基于开放和发展，根本之道是通过数字经济等新技术支撑的经济形态打造免疫化、便利化、弹性化、智能化、安全化的国内及全球新型供应链。以中国为代表的生产能力强、防疫举措有力的国家，可能成为其他国家备份供应链的全球安全岛。

当然，疫情多点暴发，殃及处于全球供应链关键环节的国家和地区，也是供应链短缺的重要原因。但应对疫情的正确方式应该是国际合作，而非像美欧那样加强封锁。在疫情之前，

---

① 卞纯：《调查：汽车行业受供应链中断冲击最大　这两个国家或成投资新热土》，财联社，2021 年 8 月 25 日，https：//www. cls. cn/detail/820137。

② "Global Supply Chains are still a Source of Strength, not Weakness", *The Economist*, April 3rd 2021.

美欧限制芯片等关键设备、5G 等数字技术的进出口，就导致了芯片等供应链的短缺，这说明即便没有疫情，在美欧自我封锁的做法之下，全球供应链也会出现一定程度的短缺。

供应链的短缺，尤其是芯片、能源等重要物资的供应不足，带来了全球通胀风险。一方面，美欧央行放弃了利率目标工具，采用量化宽松货币政策，货币供应量大增；另一方面，受损供应链不能很快修复，而全球对这些重要物资的需求旺盛。据美国《福布斯》10 月 19 日消息，2021 年美国的原油价格上涨了65%，相比 2014 年以来的任何时候都要贵，煤炭价格上涨400%，天然气价格比去年上涨了约 90%。而欧洲的情况更为糟糕，天然气价格飙升 600%，10 月初英国天然气批发价格在短短 24 小时内飙升 37%。2021 年 10 月，美国国债市场 5 年通胀预期首次突破 3%，为自 2002 年彭博社开始记录该数据以来最高水平。相比较来说，服务业的全球供应链和价值链相对稳定。9 月 23 日，世贸组织（WTO）最新发布的服务贸易晴雨表指数为 102.5，高于全球服务贸易活动指数和基线值 100，表明第二季度和第三季度的全球服务贸易继续复苏。

总体来看，2020 年 3 月以来，美欧主要经济体通过超宽松货币政策等推动经济复苏，但当前世界经济存在供应链中断、能源价格飙升、劳动力短缺、债务积聚等一系列问题，通胀问题尤为严重。而且，在经济放缓和收入下滑的大背景下，向净零世界转型的脱碳之路难度骤增，比疫情大流行前的世界环境更加复杂。

（四）各国财政政策进退两难

从理论上讲，面对经济复苏放缓的事实，各国应该加大财政政策扶持力度，尤其要抓住疫情冲击、物资短缺等要害之处重点突破。然而，由于各国财力普遍紧张，财政进退两难，力不从心。

2021 年 10 月 13 日，IMF 发布的《财政监测》（*Fiscal Monitor*）表示，新冠肺炎疫情将在不平等、贫困和政府财政方面留下持久的印记。2020 年全球债务增加了 14%，达到创纪录的 226 万亿美元，其中，公共债务规模达到 88 万亿美元，接近 GDP 的 100%。随着债务增长，各国需要根据自身的独特国情（包括疫苗接种速度和经济复苏力度）校准财政政策。

尽管面临赤字问题和国内争议，发达国家的财政情况稍好一些，财政政策正被用于补"民生"和"供应链"的短板。欧盟（"下一代欧盟复苏计划"）和美国（"美国就业计划与美国家庭计划"）宣布的大规模计划若全面实施，将在 2021—2026 年使全球 GDP 累计多增 4.6 万亿美元。美国还专门设置了未来抗疫资金。2021 年 9 月，美国白宫科技政策办公室（OSTP）与国家安全委员会（NSC）联合公布了新的抗疫计划，将在七到十年内投入 653 亿美元，旨在提升新冠肺炎疫情期间的防疫能力，并为应对未来一切灾难性的生物科技威胁做好准备，一旦发生疫情，可以"迅速且有效地"应对。美国财政部数据显示，2021 财年（2020 年 10 月 1 日至 2021 年 9 月 30 日）美国联邦政府财政赤字高达 2.77 万亿美元，但略低于上一财年创纪录的 3.13 万亿美元。

发展中国家的产出缺口更大、返贫率提高，然而它们正在更快取消或减少财政政策支持，因为财政上筹不到可用资金。一方面，日益加剧的不平等和全球贫困问题需要从加快中低收入国家的经济复苏开始。这意味着增加财政支持，公平且高效地调动国内资源，促进带动包容性增长的社会投资等。另一方面，较高的利率和较低的政府收入使低收入发展中国家提供财政支持和偿还债务的能力吃紧。而且，低收入国家举债较难使其不得不减缓财政扶持政策。根据 IMF 数据，2020 年发达经济体和中国对全球债务积累的贡献率超过 90%，其余新兴市场国家和低收入发展中国家仅占 7% 左右。这表明，对较贫穷国家来说，融资方面的限制尤其严重。

二　第三季度中国经济均衡增长

相比全球经济增长的放缓和不平衡，中国经济增长速度更快、更均衡。

（一）前三季度延续疫情后恢复态势

前三季度中国国内生产总值 823131 亿元，按可比价格计算，同比增长 9.8%，两年平均增长 5.2%，比上半年两年平均增速回落 0.1 个百分点，如表 3-2 所示。分季度看，第一季度同比增长 18.3%，两年平均增长 5.0%；第二季度同比增长 7.9%，两年平均增长 5.5%；第三季度同比增长 4.9%，两年平均增长 4.9%。这反映出前三季度经济数据延续了 2020 年第二季度以来平稳向好的发展态势，基本趋势保持稳定，并且，前三季度经济增长 9.8%，为全年经济增长高于 8% 奠定了基础。

表 3-2　　　　　2021 年前三季度中国经济增长率　　　　单位：%

	第一季度	第二季度	第三季度
GDP 同比	18.3	7.9	4.9
GDP 两年平均	5.0	5.5	4.9
一产同比	8.1	7.6	7.1
一产两年平均	2.30	5.43	5.49
二产同比	24.4	7.5	3.6
二产两年平均	6.00	6.09	4.79
三产同比	15.6	8.3	5.4
三产两年平均	4.70	5.05	4.85

前三季度，中国经济结构优化，质量和效益明显提升。一方面，中国工业增长好于服务业，但近期服务业也较快增长，

产业结构优化。2021年上半年，三产恢复程度一直弱于二产，经济拉动主要靠的是二产。第三季度服务业增长加快，如表3-2所示，第三季度三产的同比增速和两年平均增速都高于二产。9月份单月数据也显示服务业增长加快，9月服务业生产指数同比增长5.2%，比上月加快0.4个百分点，两年平均增长5.3%，加快0.9个百分点，如图3-3所示。另一方面，中国创新能力以及技术含量较高的产业表现较好。2021年9月，世界知识产权组织最新发布的《2021年全球创新指数（GII）报告》显示，中国在全球创新指数榜单排名第12位，较上一年前进了两位。前三季度，规模以上高技术制造业增加值同比增长20.1%，快于全部规模以上工业；信息传输、软件和信息技术服务业增加值同比增长19.3%；高技术产业投资同比增长18.7%。从这些数据不难看出，中国长远发展动能正持续增强。值得关注的是，中央企业经营效益大幅提升。前三季度，中央企业累计实现营业收入26.2万亿元，同比增长23.9%，比2019年同期增长18.3%；累计实现净利润15129.6亿元，同比增长65.6%，比

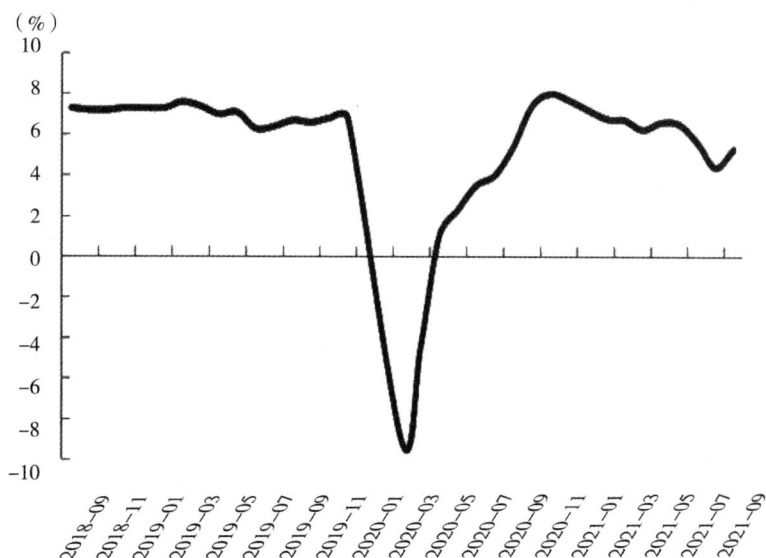

图3-3 服务业生产指数的当月同比情况

2019 年同期增长 43.2%；累计上交税费 1.9 万亿元，同比增长 21.1%，比 2019 年同期增长 7.2%，超七成中央企业上交税费实现了两位数增长。

（二）消费对经济增长贡献提高，但国内大循环建设仍须进一步发力

消费"压舱石"作用显著，前三季度最终消费支出对经济增长贡献率达 64.8%，比上半年提高了 3.1 个百分点。前三季度，居民消费价格同比上涨 0.6%，低于 3% 左右的预期目标。9 月份，全国居民消费价格同比上涨 0.7%。其中，城市上涨 0.8%，农村上涨 0.2%；食品价格下降 5.2%，非食品价格上涨 2.0%；消费品价格上涨 0.2%，服务价格上涨 1.4%。

尽管消费对经济增长贡献率提高，社会消费品零售总额增速有所提升，但是增速仍然较低。前三季度，社会消费品零售总额 318057 亿元，同比增长 16.4%，两年平均增长 3.9%。9 月份，社会消费品零售总额 36833 亿元，同比增长 4.4%，比上月加快 1.9 个百分点；两年平均增长 3.8%，加快 2.3 个百分点。9 月消费提速，主要是随着散发疫情得到有效控制，以及中秋国庆双节对消费产生拉动效应，消费增速向均值修复。但前三季度 3.9% 和 9 月份 4.4% 的消费增速，仍然处于较低水平，与国内大循环的建设要求仍有差距。最近几个月消费增速较低，与汽车受芯片短缺导致的供给不足有一定关系。受全球半导体长期短缺和国内电力紧缺影响，中国 9 月汽车销量与去年同期相比下降近 20%，连续第五个月下降。当然，即使排除汽车缺芯造成的不利影响，前三季度各月社零两年平均增速可能仍然会低于 5%，仍然不及疫情前的水平。面向未来，仍需充分发挥国内超大市场优势，尤其是近期公布的几个国际消费中心城市扩大消费任重道远。

（三）投资增速趋缓、风险加大

投资增速延续回落，基建投资成为主要拖累。按两年平均，1—9月，全国固定资产投资（不含农户）同比增长3.8%，比1—8月回落0.2个百分点，自2021年1—6月同比增速见顶4.4%以来持续回落。按当月同比看，两年平均，9月份仅增长2.18%，是2021年3月以来最低增速。2021年1—9月，基础设施投资（不含电力、热力、燃气及水生产和供应业）比2020年同期增长1.5%，两年平均仅为0.85%，远不及固定资产投资3.8%的增速，成了拖累投资增速上升的负面因素，如图3-4所示。

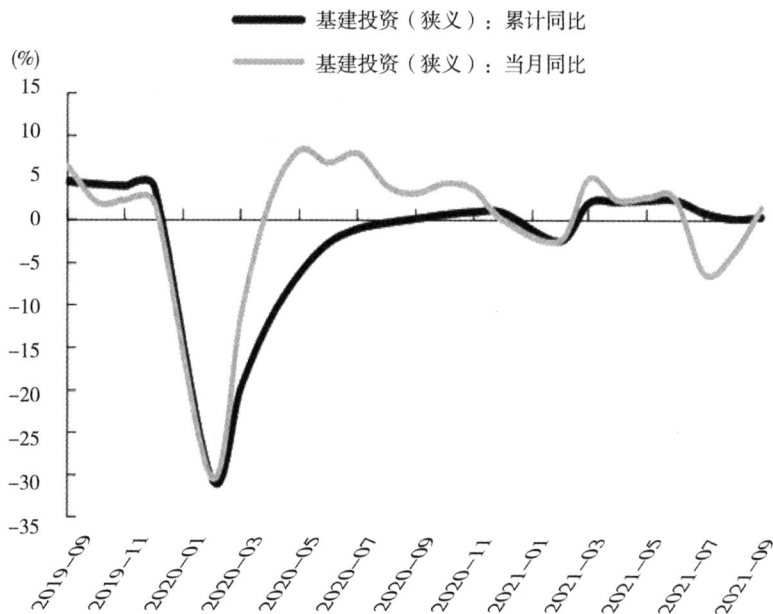

图3-4　基建投资增速变动

制造业投资"一枝独秀"。2021年1—9月相比于2021年上半年，制造业投资增速比上半年上升1个百分点至3.6%，如图

3－5 所示。由于出口景气的超预期延续，以及货币政策在增加制造业中长期贷款、支持"专精特新"企业发展方面的有效努力，使得制造业投资保持向好态势。根据央行披露的数据，9 月末制造业中长期贷款余额同比增长 37.8%，比上年末进一步提高 2.6 个百分点；"专精特新"企业的获贷率达到 71.9%，贷款余额同比增长 18.2%，贷款合同平均利率低至 4.52%。在结构性货币政策的支持下，加上制造业自身产能周期的上行驱动，有效缓冲了上游工业原材料价格上涨所造成的压力。

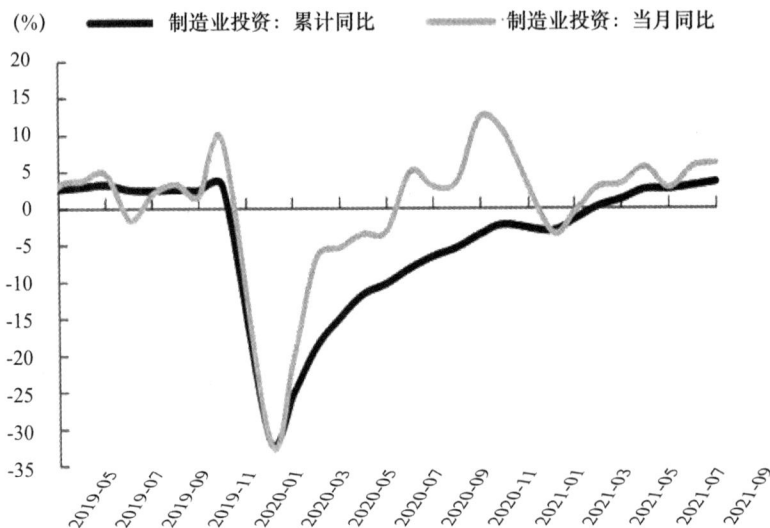

图 3－5　制造业投资增速变动

　　房地产投资下滑较快，且有进一步下调风险。前三季度，房地产增加值两年平均增长 4.8%，比上半年回落了 1.3 个百分点。1—9 月地产投资较 2019 年同期平均累计增长 7.2%，较 1—8 月平均增速回落 0.5 个百分点；9 月地产投资当月平均增速 3.8%，创 2020 年 4 月以来新低，如图 3－6 所示。近期，在恒大事件冲击下，房地产投资资金来源一致性收紧，对房地产投资的影响凸显。9月房地产开发资金来源的两年平均增速从上月的5.1%下降至0.8%。由于第二批集中供地遇冷，2021年1—9月100个大中城市土地供应面积降至2017年以来同期最低。在房地产开发商出现"躺平"迹象之际，土地供应的收缩，将对房地产投资产生更加深远的影响。

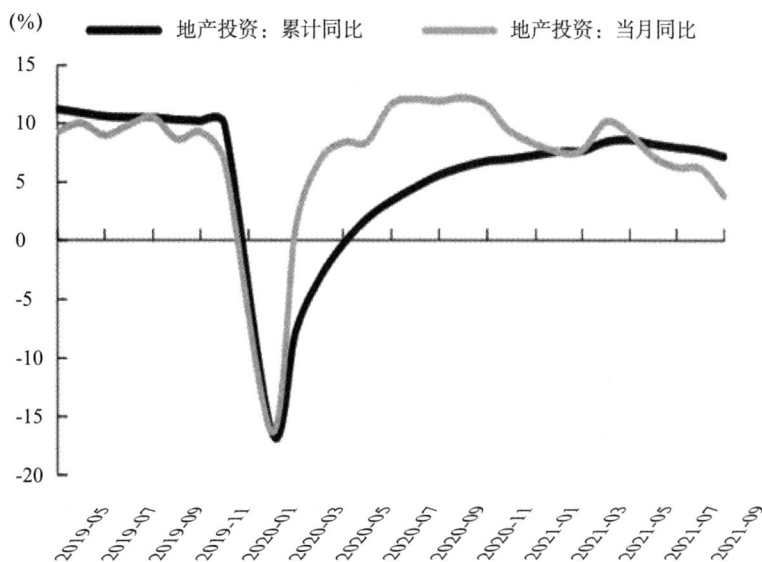

图3-6　地产投资增速变动

（四）外贸外资形势大好

中国保持货物贸易第一大国地位。尽管国际环境不利因素较多，前三季度中国外贸进出口表现仍好于预期。2021年前三季度，中国外贸进出口继续保持较快增长态势，外贸高质量发展取得新成效；外贸进出口总值同比增长22.7%，已连续5个季度实现正增长。

中国仍是全球最佳投资目的地之一。1—9月，全国实际使用外资金额8595.1亿元，同比增长19.6%。而且，引资结构持续优化。前三季度，服务业实际使用外资金额6853.2亿元，同比增长 22.5%；高技术产业实际使用外资金额增长 29.1%，其中高技术服务业增长 33.4%，高技术制造业增长 15.2%。

中国稳健向好的经济基本面、完善的产业链供应链支撑、持续优化的营商环境等，是吸引外资的有利因素。疫情后世界将进入"有限全球化"阶段（郑永年，2021），从客观上倒逼"中国制造"转型升级，向产业链中的高附加值环节发展。① 中国工厂正在填补国际市场上因疫情带来的巨大供需缺口，帮助稳定全球供应链。中国正迅速变成"世界超市"，变成其他国家和地区各类商品最大的销售市场。值得关注的现象是，对于部分新冠疫苗接种进展相对缓慢的亚洲国家而言，新冠病毒变异毒株德尔塔的肆虐正在给这些国家制造业的生产能力造成巨大影响，大量欧美跨国公司计划将生产线从东南亚等地区重新迁回中国，以确保欧美国内商品供应。而且，相比发达经济体，"一带一路"沿线大量发展中经济体的复苏难度更大，来自中国的投资给他们提供了有效帮助。与此同时，中国持续扩大对外开放水平，加强区域经贸合作。2021年 9 月 16 日，中国商务部提交了中国正式申请加入 CPTPP 的书面信函。

（五）芯片荒和能源波动成为"黑天鹅"

回顾前三季度，以芯片荒为代表的国际供应链短缺、国内局部疫情、汛情、恒大债务、电力供给不足等短期扰动因素轮番登场，成为扰动经济的"黑天鹅"，但中国经济发展还是表现出了强大的韧性和活力。

全球芯片短缺问题延续，对国内工业生产的拖累也愈发凸显，这体现在手机、笔记本电脑、金属切削机床、集成电路等

---

① 参见郑永年《大变局中的机遇：全球新挑战与中国的未来》，中信出版社 2021 年版。

产量增速三季度以来持续下滑，汽车产量尽管于 9 月有所反弹，但依然负增长。

2021 年以来，国际能源价格大幅上涨，煤炭、天然气、原油价格也屡创新高，国内电力和煤炭供应偏紧，多种因素导致近期部分地方出现了限电现象，对正常的生产造成了一定的影响。尤其是近期拉闸限电影响了工业生产活动。9 月份，规模以上工业增加值同比增长 3.1%，较上月回落 2.2 个百分点；PPI（工业生产者出厂价格指数）同比上涨 10.7%，涨幅继续扩大，创历史新高；工业产能利用率从上季度的最高纪录 78.4% 降至了第三季度的 77.1%，为去年第四季度以来的最低水平。"双控"政策所影响的高能耗、高排放企业多为产业链上游的金属、化工等行业，因价格传导路径较长，途中易受各种因素干扰，对下游影响有限。从 10 月份情况看，电力生产增速有所加快，能源供应偏紧是阶段性的，对经济的影响是可控的。

（六）就业较好，居民收入增速下滑

中国新增就业较多，失业率较低。前三季度，城镇新增就业 1045 万人，完成全年目标任务的 95%；城镇调查失业率均值为 5.2%，低于全年 5.5% 左右的预期目标。如图 3 - 7 所示，9 月城镇调查失业率下降 0.2 个百分点至 4.9%，创 2019 年以来新低，31 个大中城市调查失业率下降 0.3 个百分点至 5%，16—24 岁和 25—59 岁人口失业率、本地和外来户籍人口失业率悉数下降，尤其外来户籍失业率降至 4.8%，为年内最低。失业率下降的原因主要包括：9 月大学毕业生入职就业增加，而今年 6—7 月 16—24 岁人口失业率一度显著上行；农民工就业帮扶政策起效，带动外来户籍失业率降低；创业、平台经济、灵活就业发展带动直播带货、网络购物等行业从业人员增加。长期来看，应更加关注数字经济时代就业结构转型问题。麦肯锡对中国 2030 年劳动技能和职业进行了预测，到 2030 年多达 2.2 亿中国

工人可能需要在职业之间转换（下岗和再就业），约占劳动力总数的30%，其中对体力、基本认知技能的劳动需求将分别下降18%和11%（Woetzel 等，2021）。①

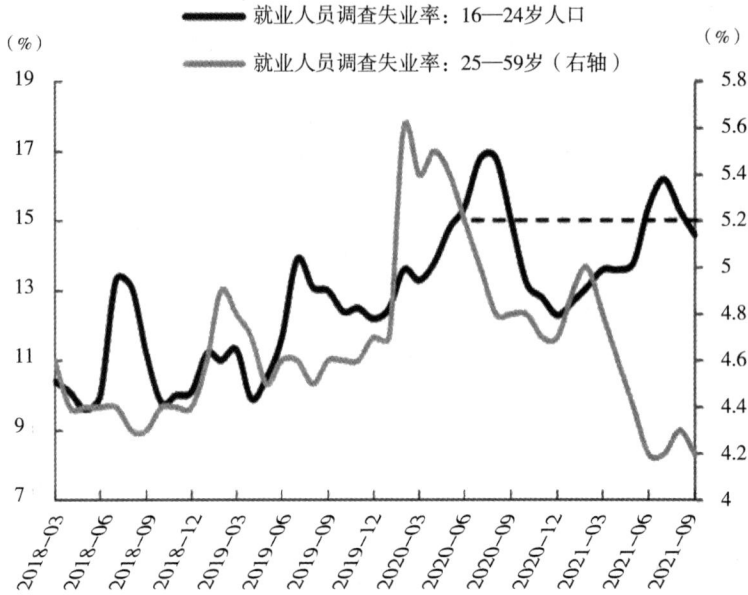

图 3-7　中国失业率变动情况

第三季度全国居民可支配收入的两年平均增速下降、可支配收入的中位数增速偏低（收入不均衡）。第三季度全国居民人均可支配收入两年平均增长6.6%，比第二季度显著下滑1.3个百分点；人均可支配收入的中位数则增长4.9%，比第二季度下滑1.2个百分点。可支配收入的平均数比中位数增幅大，与新冠肺炎疫情前的情况相反，这体现疫情加剧

①　J. Woetzel， J. Seong， N. Leung， J. Ngai， L. Chen， V. Tang， S. Agarwal， B. Wang， "Reskilling China： Transforming the world's largest workforce into lifelong learners"， McKinsey Global Institute， January 12， 2021.

收入不平等的状况仍在延续；且可支配收入的两年平均增速低于名义 GDP 增速，这对居民消费能力的进一步释放构成一定的约束。

三　未来经济增长压力大但足以实现 2021 年及 2035 年远景目标

第三季度经济增长率低于预期。第三季度，中国 GDP 同比增长 4.9%，由于基数因素影响，延续了增速回落的走势，但是简单跟此前两个季度比，很难得出趋势的判断。为了增加可比较性，使用两年平均增速，第三季度为 4.9%，而第一、第二季度分别为 5.0%、5.5%，由此可见，第三季度下行幅度较大，超过了此前的市场预期。从潜在增速看，9 月 28 日，央行行长在《中国的利率体系与利率市场化改革》一文中指出"中国的经济潜在增速仍有望维持在 5%—6% 的区间"，则第三季度 4.9% 的平均增速已经略低于潜在增速水平。

4.9% 的增速表示中国已经基本走出疫情冲击。由于 2020 年第三季度中国疫情已得到基本控制，GDP 增速已相对正常，因此 2021 年第三季度相比 2020 年第三季度的增速也是一个较为正常的增速。可以发现，2020 年第三季度、2021 年第三季度、两年平均增速都是 4.9%，这表明在常态化防疫的背景下 4.9% 是一个相对稳定的增长率，可以说是中国疫情期间的稳态或潜在增长率。而且 4.9% 与中国疫情前的潜在增长率相差不大，表明中国基本收复新冠肺炎疫情所造成的几乎所有失地，取得了和假设没有疫情情境下差不多的增长水平。

考虑到能源短缺、洪涝灾害等极端事件正在缓解，以及财政政策、货币政策、产业政策等宏观调控可能加码，我们预计第四季度两年平均增速为小幅上升至 5.2%，高于第三季度的 4.9%，2021 年全年 GDP 将较去年增长约 8.1%，全年 GDP 总额可能在 115 万亿元左右。而且，由于人民币兑美元汇率升值以及人口增速趋缓，预计中国今年人均 GDP 达到 1.2 万美元，按照世界银行的最新标准，将成为高收入国家。

当前的增长速度延续下去，可以基本完成 2035 年远景目标。党的十九届五中全会审议通过《中共中央关于制定国民经济和社会发展第十四个五年规划和二〇三五年远景目标的建议》（以下简称《规划建议》），设定了 2035 年远景目标，明确提出到 2035 年人均 GDP 达到中等发达国家水平，中等收入群体显著扩大。习近平总书记在做关于《规划建议》说明时表示，到"十四五"末达到现行的高收入国家标准、到 2035 年实现经济总量或人均收入翻一番，是完全有可能的。因此，可以将 2021—2035 年经济增长目标归结为三条：一是到 2035 年 GDP 比 2020 年翻番；二是人均 GDP 比 2020 年翻番；三是人均 GDP 达到中等发达国家水平（根据世界银行和 IMF 标准约为 2.3 万美元）。根据测算，要达到这三个目标，2021—2035 年中国平均经济增速分别至少达到 4.6%、4.8% 和 5.5%。2021 年第三季度 4.9% 的增速可以实现前两个目标，全年预计 5.2% 的增速可以接近实现第三个目标。考虑到疫情大概率不会延续到 2035 年，所以在疫情之后中国经济增速完全有潜力提高到 5.5% 并顺利实现第三个目标，也即圆满实现 2035 年远景目标。当然，未来全球经济形势、疫情、中国经济潜力、人民币汇率、人口等不确定性因素较多，上述测算仅是一个粗浅估算。

四　财政收入平稳，税制改革提速

第三季度，财政收入增速远高于支出，收支结构改善。全国一般公共预算收入和政府性基金预算收入保持稳健增长，增速都在 10% 以上；一般公共预算支出增长仅为 2.3%，政府性基金预算下降 8.8%。同时，国内外税制均有较大改革动向，值得关注。

（一）财政收支缺口收窄、趋于平衡

财政收入恢复性增长态势总体平稳。1—9月累计，全国一般公共预算收入16.4万亿元，同比增长16.3%，比2019年同期增长8.9%。从税收收入看，前三季度累计，全国税收收入14.07万亿元，同比增长18.4%，比2019年同期增长10.8%。分税种来看，前三季度累计，国内增值税、企业所得税、进口环节税收增长较快。国内增值税同比增长17.4%，其中，工商业增值税增长22.2%，主要受工业生产持续增长，特别是工业生产者出厂价格高位运行的影响。企业所得税同比增长18.8%，主要是企业效益稳步提升，企业利润较快增长。进口环节税收同比增长23.4%，出口退税增长13.4%，主要受一般贸易进出口持续增长带动。

财政支出增速较低，但收支缺口仍较大。前三季度累计，全国一般公共预算支出17.93万亿元，同比增长2.3%。前三季度累计，一般公共预算收支缺口为1.53亿元。支出增长速度低于收入增长速度14个百分点，收支缺口有下降趋势。分中央和地方看，"中央降地方升"的特点延续，中央支出同比下降1.6%，非急需非刚性支出持续压减；地方支出同比增长3%。全国财政"三保"也就是"保基本民生、保工资、保运转"等重点支出增长较快，教育、社会保障和就业、卫生健康这三类支出分别增长5.2%、2.4%、2.3%。

政府性基金预算收支也在改善。1—9月累计，全国政府性基金预算收入61018亿元，同比增长10.5%；全国政府性基金预算支出71373亿元，同比下降8.8%。2021年前三季度，全国地方已发行新增地方政府债券28986亿元，其中专项债券22167亿元，专项债券发行进度61%，进度总体较慢。财政部官员在前三季度财政收支情况新闻发布会上表示，2021年新增专项债券额度尽量在11月底前发行完毕，持续发挥专项债券对地方经济社会发展的积极作用。这表明 10 月和 11 月两个月将大幅加快地方政府专项债券的发行。

（二）国内外税制改革提速

国际社会在第三季度进行了一次较大的税制改革探索。2021 年 7 月 10 日，二十国集团（G20）财政部长和央行行长第三次会议发布公报称，已就更稳定、更公平的国际税收框架达成历史性协议。10 月 8 日，OECD 宣布 G20、欧盟等 136 个国家就设定 15% 的全球最低税率等条款达成共识，接下来将会在多个场合研讨相关细节，预计 2022 年签署多边公约，并在 2023 年有效实施。如表 3 - 3 所示，2020 年 OECD 国家企业所得税税率平均值为 21.5%，比 15% 的税改目标高 6.5 个百分点，可见税改力度非常大。这个国际税收框架对全球税收分配，尤其是如何处理数字经济时代的跨国税收分成问题，具有里程碑意义。

表 3 - 3　2020 年经济合作组织（OECD）成员国法定企业所得税税率　单位:%

国家	企业所得税率	国家	企业所得税率
法国	32	瑞典	21.4
澳大利亚	30	斯洛伐克	21
墨西哥	30	美国	21
葡萄牙	30	芬兰	20
新西兰	28	冰岛	20
奥地利	25	爱沙尼亚	20
比利时	25	拉脱维亚	20
韩国	25	捷克	19
荷兰	25	波兰	19
西班牙	25	英国	19
智利	25	斯洛文尼亚	19

续表

国家	企业所得税率	国家	企业所得税率
希腊	24	卢森堡	18.2
意大利	24	德国	15.8
日本	23.2	加拿大	15
以色列	23	立陶宛	15
丹麦	22	爱尔兰	12.5
挪威	22	匈牙利	9
土耳其	22	瑞士	8.5
OECD 国家平均值	21.5		

资料来源：王砚峰、张佶烨：《国际税收改革迈出重要一步》，中国社会科学院工业经济研究所网站，2021 年 7 月 7 日，http：//ie. cass. cn/academics/economic_trends/202107/t20210707_ 5345871. html。

近期，国内影响较大的税制改革则是房地产税试点。5月 11 日，财政部等四部门召开房地产税改革试点工作座谈会。10 月 16 日，《求是》杂志发表习近平总书记署名文章，提到要积极稳妥推进房地产税立法和改革，做好试点工作。各部门在落实试点工作方面，主动性和推进速度在加强。10月 23 日，第十三届全国人民代表大会常务委员会第三十一次会议作出决定，授权国务院在部分地区开展房地产税改革试点工作。

此外，如何适应数字经济时代的用工需求，保障外卖骑手等就业形态劳动者权益，成为社会关注热点问题。是否应该为他们缴纳社保、由谁负责缴纳、缴纳标准等问题的理论和现实意义凸显。据《财经》杂志的一项调查，由于原本集中于单一雇主的管理功能分散到多个商业实体，骑手的劳动关系通过人为的"暗网"被打碎，在这张"暗网"中，外卖平台和 A 公司对骑手进行日常管理、B 公司与其签订合作协议、C 公司和 D 公司为其发放工资并缴纳个人所得税。这些公司相互交织，将骑手紧紧捆住，但其中任何一家公司都不构成骑手的用人单位，他们因此陷入劳动关系难以认定的法律困境。[①]

五 优化财政政策，提高经济发展质量的政策建议

第三季度，全球经济复苏放缓且极不均衡，中国经济保持较高增速并较为均衡，尤其是财政收支明显改善，为进一步提升经济发展质量提供了更大政策空间。

第一，继续实行稳健的货币政策，积极财政政策要加大力度。未来外贸进出口需求恢复常态化后，还须进一步加强内需。展望未来，保持稳健的货币政策的基调不要改变，同时，财政政策要适当增加力度，特别是在降低生产经营成本方面。因此，我们要通过结构性降低成本、支持扶持中小微企业发展、保障民生需求，整体上保证经济运行。

第二，保收入和保就业应当作为积极财政政策跨周期调节的重要落脚点。在2021年第四季度至2022年上半年，进一步增加社会保障及就业、卫生健康、教育、科学技术和节能环保等方面的支出，既有利于保障人民生计，又有利于经济结构调整和"双碳"目标达成。延长现行减税政策的有效期限至2022年，帮助中小企业和个体经营者渡过难关，进而实现保收入和保就业的目标。

第三，结合居民收入状况，积极稳妥推进房地产税试点。中国的房地产税，要考虑到中国人均可支配收入并不高的事实。房地产税会直接减少个人可支配收入，所以要充分考虑低收入

---

① 樊瑞：《外卖平台用工"暗网"：160万骑手成了个体户却不自知》，《财经》2021年9月24日。

者住房需求，灵活设置面积、总价、贷款豁免权，调节多套房和高价房。中国城市的住宅小区，尤其是一些新小区，物业费其实已经很可观了。这些物业费承担了小区的保安、绿化、卫生甚至内部道路维修等，这些本来应该是由未来的个人房地产税来承担的。如果征收房地产税，那应该有相应的回拨款到社区以降低居民的物业费负担。征税时机不建议在房地产下行期开征，避免出现超调。

第四，依托数字经济提高经济增长韧性和财税收入，促进共同富裕。数据对解决当今发展问题起着关键作用，也可能成为抗击低收入和中等收入国家贫困的一件有力武器，具有改变贫困人口生活的潜力。从疫情后的中国经济表现来看，数字经济相关行业的增速普遍较高，提升了宏观经济的韧性。而且，随着数字产业化和产业数字化进程的加快，数字经济税基越来越大；一些小型电商企业、直播等新业态、骑手等新型劳动者的税务监管力度加大、监管更加规范，相关税源不断拓展。从时间上看，中国进入共同富裕正好与数字经济时代相吻合，未来共同富裕必然是以数字经济为依托。从学理上看，数字经济和共同富裕有很强的契合性，推进共同富裕目标取得更为明显的实质性进展必须坚持共享性增长方式。当然，数字经济也可能导致劳动力结构性失业等问题，需要在政策设计上尽可能扬长避短，从而事半功倍地推动共同富裕事业稳健前行。

第五，加快应对能源紧缺、芯片荒、恒大债务等局部突发问题。在工业原料和上游工业品价格保持高位的情况下，中下游产业的利润空间持续受到挤压，在中下游产业中，中小企业的经营负担尤为沉重。如果这部分企业的正常生产经营难以为继，则势必对就业产生显著的负面影响，这反过来会进一步强化需求放缓的趋势。因此，短期内快速提高煤炭等能源供应，保障工厂和居民冬季用电需求。长期看，仍要坚持碳达峰和碳中和的战略导向，加大布局新能源项目，替代煤炭、石油等化石能源。能源紧缺反而可能在一定程度上凸显可再生能源的优势，后者不太容易受到市场波动的影响。短期内为高端制造业企业进口芯片提供适度财政补贴，降低企业生产成本，维持生产能力。长期还需依靠芯片自主研发、融入全球供应链两方面同时发力，才可以彻底扭转芯片荒问题。妥善处理恒大潜在违约事项，把债务风险控制在最小范围，防止资本市场过度炒作造成金融风险。同时，稳定社会各界对房地产走势的理性预期，坚持"房住不炒"原则，借势打击炒房热钱并教育居民形成房价可涨亦可跌的正确理念，而且避免房价快速下跌，将房价控制在小幅涨跌的合理区间。

第六，构建新发展格局，扩大开放力度。立足国内大市场优势，加强自主创新，提高产业链水平和供应链稳定性，降低核心技术和关键设备的对外依赖，适度降低外贸依存度。无论是应对逆全球化还是贸易保护，都要以更加务实的态度与欧盟进行谈判磋商，推动中欧投资协定尽快落实。加快与相关国家和地区的谈判，争取早日加入 CPTPP（全面与进步跨太平洋伙伴关系协定）。中国继续扩大对外开放，包括海南自贸港、上海进博会、北京服贸会、外商投资法及配套行政法规，并通过扩大对外开放成为新型全球化的推动者，把稳定的经济增长转化为吸引外资的竞争力。

第七，降低国际交往的制度成本，利用好疫情"窗口期"。受疫情影响，旅游、商务等国际交往活动大幅减少，在此情况下，一方面，要优化境外交往的疫情防控程序，减少刚性的限制出入境措施，继续鼓励人们走出去和引进来；另一方面，要加大海南自贸港国际消费中心建设以及浙江北京等地的服务贸易发展，使人们在内地可以更方便地从事涉外商品和服务的消费和生产。Campbell 和 Doshi（2020）认为，1956 年对苏伊士运河的拙劣干预暴露了英国实力的衰落，标志着英国作为全球大国统治的结束；当下，新冠肺炎疫情可能标志着美国的"苏伊士时刻"。[①] 新冠肺炎疫情加强了欧美对中国产业链的依赖性，一定程度上缓解了中美经贸摩擦的冲击。然而，长期来看欧美限制关键产业链供应链进出口的政策将更加强硬，这对中国依靠进口获取关键设备和技术的外循环造成困扰，需要把短期的扩大进出口优势转变为长期的做强关键产业链动力。

（执笔人：闫坤　刘诚）

---

① Campbell K. M., and Doshi R., "The Coronavirus Could Reshape Global Order", *Foreign Affairs*, March 18, 2020.

2021年第四季度中国宏观经济与财政政策分析报告

——应对需求收缩压力，加强财政货币政策协同联动

内容提要：2021年，随着全球加大疫情防治和经济刺激政策力度，世界经济逐渐复苏，但下半年以来经济增速逐渐放缓，尤其是第四季度奥密克戎病毒导致疫情加快蔓延，本已受创的经济生产再受打击，世界经济重启被迫延后，复苏节奏更趋放缓。同时，全球疫情背景下，疫苗接种率和经济复苏分化严重，国别差距和国内贫富差距扩大，形成逆全球化和民粹主义等思潮激变和地缘政治等不稳定因素。此外，刺激经济政策不能对冲所有经济社会风险，特别是大宗商品价格激增、全球通胀上扬和债务风险等问题值得关注。

2021年，中央经济工作会议指出，中国当前面临"需求收缩、供给冲击、预期转弱"三重压力，"需求收缩"居于首位。国家统计局数据显示，2021年中国GDP增速为8.1%，两年平均5.1%，经济平稳复苏。但分结构来看，中国经济需求下行压力较大。一是消费发挥"压舱石"作用，疫情反复可能影响并制约消费复苏节奏。二是制造业投资边际转暖，但有效需求相对不足，投资预期减弱，中小企业复苏不均衡。三是传统基础设施建设增长缓慢，基建资金需求疲软。四是房地产开发资金增速收缩，投资增速下行，销售景气度下降，一、二手房销价和土地成交溢价率走低。四是中国疫情防控和经济复苏保持优

势，助推中国进出口高速增长，但随着全球贸易逐渐重启，中国出口或将逐步回落。其他方面，金融运行保持平稳，直接融资取得成效提升；就业形势逐渐向好，重点人群就业保持稳定。物价方面，PPI仍处于历史高位区间，但已边际回落，通胀风险和中下游企业成本压力下降，CPI保持基本稳定，社会通胀水平整体平稳。

在财政政策方面，2021年全国一般公共预算收入20.25万亿元，近乎实现十年时间翻一番。全年完成预算并有一定超收，主要贡献因素来自中国经济稳步复苏，且物价上涨带来一定价格效应。同时，财政收入增速不及经济增速，体现减税降费落到实处。全年新增减税降费超过1万亿元，促进"放水养鱼"，减轻市场主体负担，激发市场活力。全国一般公共预算支出24.63万亿元，与2020年应对疫情期间近乎持平，同比增长0.3%。财政支出建立了常态化财政资金直达机制，并在教育、科学技术、社会保障和就业等方面加大支持力度，进一步提高财政支出的精准性和有效性。

展望未来全球经济，世界复苏将逐步放缓，新兴经济体和发展中国家经济失速风险较大；美联储将启动加息，或将冲击新兴市场经济；全球面临复苏失衡、通胀等风险，世界思潮可能激变。聚焦国内，中国经济以稳为主，实体经济将持续稳步复苏。具体来看，制造业投资平稳增长；传统基建和新基建均有广阔空间大力发展；地产调控政策边际调整，房地产业以稳为主；海外需求边际回落，更多依托内循环实现经济增长。

建议强化财政货币政策协同，统筹逆周期和跨周期调节，助力经济稳增长。要求以积极财政政策为主，应对当前宏观经济形势和解决中长期问题。货币政策应灵活适度，为财政政策积极发力营造良好流动性环境。财政政策和货币政策应不局限于"凯恩斯主义"逆周期调节效应，要协调联动发挥综合性机能并实现跨周期管理，并警惕逆周期后遗症，推动房地产业良性发展和提前布局基础设施建设。

关键词： 复苏放缓　分配不平等　需求收缩　财政增收　政策协同

2021 年下半年以来，全球经济复苏节奏逐渐放缓，世界不平等加剧，并存在大宗商品价格激增、通胀上扬和债务压力等风险。中国经济平稳复苏，但须警惕"需求收缩"压力，尤其是因疫情影响消费增长存在不确定性，制造业投资需求有所减弱，基建投资和地产投资相对低迷，净出口可能周期性回落。财政收入全年完成预算并有一定超收，新增减税降费超过 1 万亿元，减轻市场主体负担；公共预算支出与 2020 年应对疫情期间近乎持平，财政支出精准性和有效性有所提升。展望未来，世界复苏将逐步放缓，风险逐步加大。中国经济以稳为主，实体经济将持续稳步复苏。建议强化财政货币政策协同，统筹逆周期和跨周期调节，助力经济"稳字当头"。

一　全球经济复苏节奏放缓，蕴藏风险不容忽视

随着全球加大疫情防治和经济刺激政策力度，世界经济逐渐复苏，但下半年以来经济增速逐渐放缓，尤其是第四季度奥密克戎病毒导致疫情加快蔓延，本已受创的经济生产再受打击，世界经济重启被迫延后，复苏节奏更趋放缓。同时，全球疫情导致卫生和财富分配不平等加剧，加大逆全球化和民粹主义等思潮激变和地缘政治等不稳定因素。此外，刺激经济政策不能对冲所有经济社会风险，特别是大宗商品价格激增、全球通胀上扬和债务风险等问题值得关注。

（一）世界经济复苏节奏放缓

疫情暴发导致全球产业链、供应链、价值链遭受打击，多

国采取疫情防控措施并加大药物疫苗研发和公共卫生系统建设，同时采取积极的财政政策和货币政策刺激经济，推动全球经济复苏。根据世界银行最新估算，2021 年世界经济预期增速达到 5.1%，两年平均预计为 0.95%。摩根大通全球制造业 PMI 和服务业 PMI 自 2020 年 7 月以来持续高于荣枯值，且在 2021 年第四季度均高于 54。第四季度，全球经济延续全年的复苏态势，但复苏进程放缓。世界银行 1 月发布的经济预测较 6 月下调 0.2 个百分点，国际货币基金组织预测增速也逐渐放缓，多次下调 2021 年全球增长预测值。值得注意的是，奥密克戎变异病毒自 11 月在南非发现后于全球蔓延，上百个国家和地区发现病例，多国收紧边境管理，跨国贸易和出入境旅游遭受打击，工厂员工出勤率再次下降，线下消费、住宿餐饮、聚集性生产活动被迫减少，供应短缺风险上升，全球经济复苏负面影响暂未消退，世界经济重启和回归开放进程延后。OECD 综合领先指标大于 100 且逐月下降，显示经济衰退风险压力加大。全球风险感知调查（GPRS）显示，仅有 16% 的受访者对未来经济发展表示乐观和积极，11% 的受访者认为世界复苏将会加速，大部分受访者认为未来三年世界经济将会持续波动、意外性上升和趋于分化。

分国家和地区来看，美国经济复苏较快，国际货币基金组织和世界银行分别估计 2021 年美国 GDP 实际增长率为 5.97% 和 5.6%。美国就业形势向好，劳工部统计的失业率季调数据在 2021 年整体呈下行态势，从 2020 年年底的 6.7% 下行至 2021 年年底的 3.9%。经济景气度较高，美国 ISM 发布的制造业 PMI 和非制造业 PMI 也连续一年各月均在荣枯线以上。但复苏力度正在边际放缓，密歇根大学消费者信心指数在 2021 年下半年运行区间仅为 67—73，弱于上半年高于 80 的水平，11 月更是跌至近十年的低位 67.4。同时，美国劳动力市场扭曲，2021 年下半年以来职位空缺率维持在 7% 左右的历史数据高位，6 月以来岗位空缺数超过 1000 万个，创下历史新高，超过登记失业人口数。

经济增速预计放缓,世界银行 2022 年 1 月对美国 2021 年 GDP 增速的预测值较半年前下调了 0.2%,并预计 2022 年、2023 年经济增速逐年下滑至 4.1% 和 3.2%,国际货币基金组织同样对美国经济增速下调。

欧元区经济持续复苏,世界银行和国际货币基金组织分别估计欧元区 2021 年 GDP 增速为 5.6% 和 5.2%。11 月失业率为 7.2%,已略低于疫情前水平。欧元区制造业 PMI 全年高于 50,服务业 PMI 则自 4 月以来处于景气区间,经济景气度较高。同美国类似,复苏力度逐步放缓,19 国工业生产指数同比增速自 2021 年 4 月以来逐月走低,且 11 月已跌为负值 -1.2%,第四季度 PMI 指数也环比下滑,欧元区投资者信心自 7 月以来整体呈下行态势,12 月降至 4 月以来最低水平。德国和法国作为欧元区的重要双引擎,经济增速预期也不容乐观。尤其是受制于供应链瓶颈和出口销售不畅,德国经济前景不明。德国服务业 PMI 跌破荣枯线为 48.4,反映疫情对服务业打击较深,受服务业拖累,德国 12 月综合 PMI 已低于荣枯值;工业生产指数同比在 11 月由正转负 -0.1%;IMF 估计 2021 年德国经济增速为 2.7%,低于欧元区整体经济增速。法国方面,12 月综合 PMI 环比下滑,OECD 法国消费者信心指数环比已连续四个月下滑,国际货币基金组织预测法国 2022 年和 2023 年经济增速分别为 3.5% 和 1.8%,增速逐年下行且下行幅度较大。

表 4-1　　世界银行:2019—2023 年全球经济增长率　　单位:%

统计项	年同比				
	2019 年	2020 年	2021 年 e	2022 年 f	2023 年 f
世界	2.6	-3.4	5.5	4.1	3.2
发达经济体	1.7	-4.6	5.0	3.8	2.3
美国	2.3	-3.4	5.6	3.7	2.6
欧元区	1.6	-6.4	5.2	4.2	2.1

续表

统计项	年同比				
	2019 年	2020 年	2021 年 e	2022 年 f	2023 年 f
日本	−0.2	−4.5	1.7	2.9	1.2
新兴市场和发展中经济体（EMDEs）	3.8	−1.7	6.3	4.6	4.4
东亚太平洋地区	5.8	1.2	7.1	5.1	5.2
中国	6.0	2.2	8.0	5.1	5.3
印度尼西亚	5.0	−2.1	3.7	5.2	5.1
泰国	2.3	−6.1	1.0	3.9	4.3
欧洲中亚地区	2.7	−2.0	5.8	3.0	2.9
俄罗斯	2.0	−3.0	4.3	2.4	1.8
土耳其	0.9	1.8	9.5	2.0	3.0
波兰	4.7	−2.5	5.1	4.7	3.4
拉美加勒比地区	0.8	−6.4	6.7	2.6	2.7
巴西	1.2	−3.9	4.9	1.4	2.7
墨西哥	−0.2	−8.2	5.7	3.0	2.2
阿根廷	−2.0	−9.9	10.0	2.6	2.1
中东北非地区	0.9	−4.0	3.1	4.4	3.4
沙特阿拉伯	0.3	−4.1	2.4	4.9	2.3
伊朗	−6.8	3.4	3.1	2.4	2.2
埃及	5.6	3.6	3.3	5.5	5.5
南亚地区	4.4	−5.2	7.0	7.6	6.0
印度	4.0	−7.3	8.3	8.7	6.8
巴基斯坦	2.1	−0.5	3.5	3.4	4.0
孟加拉国	8.2	3.5	5.0	6.4	6.9
撒哈拉以南非洲地区	2.5	−2.2	3.5	3.6	3.8
尼日利亚	2.2	−1.8	2.4	2.5	2.8
南非	0.1	−6.4	4.6	2.1	1.5
安哥拉	−0.6	−5.4	0.4	3.1	2.8
其他项目：					

续表

统计项	年同比				
	2019 年	2020 年	2021 年 e	2022 年 f	2023 年 f
实际 GDP1					
高收入国家	1.7	−4.6	5.0	3.8	2.4
发展中国家	4.0	−1.4	6.5	4.6	4.5
不包括中国的 EMDEs	2.5	−4.2	5.2	4.2	3.8
出口大宗商品 EMDEs	1.8	−3.9	4.5	3.3	3.1
进口大宗商品 EMDEs	4.9	−0.5	7.2	5.2	5.0
不包括中国的进口大宗商品 EMDEs	3.3	−4.5	6.1	5.3	4.6
低收入国家	4.6	1.3	3.3	4.9	5.9
七大新兴市场经济体 *	4.5	−0.6	7.2	4.8	4.7
世界（2010PPP 比重）	2.9	−3.0	5.7	4.4	3.6

注：* e = 估计；f = 预测。世界银行的预测会基于新信息和不断变化的（全球）情况进行频繁更新。

EMDEs 为新兴市场和发展中经济体。

资料来源：世界银行：《全球经济展望》2022 年 1 月。

（二）全球卫生和财富分配不平等加剧

疫情反复背景下，发展中国家受制于公共卫生系统基础薄弱、缺乏疫苗研发、生产实力、物质条件相对落后等因素，疫情防控成效落后于发达国家。低收入国家只有 4% 的人口完全接种了疫苗，而高收入国家的比例达到了 70%，全球一半人口尚未接种疫苗。同时，发达经济采取了积极的财政刺激政策和货币宽松政策，推动经济和金融市场加快复苏，而发展中国家迫于自身经济实力和防疫成效落后，政策空间较小，复苏较为缓慢，经济恢复弹性不如发达经济体。世界经济形成"K 型复苏"，发达经济体与新兴市场发展中经济体增长差异扩大。世界银行和国际货币基金组织估计，2021 年高收入经济体 GDP 实际增速为 5.0%，发展中经济体 GDP 实际增速为 6.3% 或 6.5%，而低收入国家 GDP 增速仅有 3.3% 或 3.1%，中高收入国家经济发展差距扩大。其中，世界银行和国际货币基金组织估算，2021 年美国和欧元区经济增速均在 5% 以上，与世界经济增速基本持平；俄罗斯、巴西、南非、伊朗、埃及、印度尼西亚、巴基斯坦、泰国、尼日利亚、安哥拉等发展中国家增速均不及 5%，发展态势不如欧美发达国家。

世界经济论坛 1 月发布的《2022 全球风险报告》认为，新冠肺炎疫情肆虐全球拉大了一直以来存在的健康、经济和数字差距，且数字经济和技术技能方面的差距会进一步拉大贫富差距。报告预计，到 2024 年，除中国外的发展中经济体 GDP 增长将较疫情前预期增长下滑 5.5%，而发达经济体将增长 0.9%，全球收入差距进一步扩大。全球复苏分化将产生连锁反应，可能导致各国社会分裂，紧张局势跨越国境，并加剧在气候应对、数字安全、民生恢复等方面的冲突。全球风险感知调查（GPRS）结果显示，社会凝聚力破坏已成为超过 30 个国家的头号短期危险因素，地缘经济对抗可能成为未来十年的严重风险。国际货币基金组织 1 月发布的《世界经济展望》估计 2021 年的极度贫困人口比疫情前趋势水平增加约 7000 万人，减贫成果倒退若干年。中等收入国家和低收入国家复苏前景不如发达国家，如全国停课天数相较高收入国家多出 93 天。

除国别差距扩大以外，货币宽松也加剧了美国等发达经济体内部的社会财富分配不平等。货币宽松导致资产价格上升，高收入人群因持有资产而收益提高，而以劳务报酬作为主要收入来源的中低收入人群难以享受较多资产性收入，不得不面对货币宽松带来的通货膨胀压力。例如，标准普尔 500 指数在 2021 年上涨了近 27%，为股市资产所有者带来丰厚收益；美国标准普尔 20 大中城市房价指数同比上涨也达两位数水准，处于历史高位，为房产持有者带来较多收益；而美国 CPI 同比上涨约 4.7%，通胀水平创 30 余年新高。此外，流量收入不平等问题也导致存量财富差距的进一步扩大，美国前 0.1% 人群掌控的社会财富比重在 2021 年环比上升 1.26 个百分点至 19.07%，前 10% 人群掌控的社会财富比重达近五年峰值，超过 71%。世界不平等加剧可能加剧民粹主义情绪和逆全球化思潮，可能引发地缘政治冲突，延缓全球产业链、供应链回归常态和全球经济复苏进程。

表 4 - 2　　　国际货币基金组织：2020—2023 年全球经济增长率　　单位:%

统计项	年同比			
	2020 年	2021 年 e	2022 年 f	2023 年 f
世界产出	− 3.1	5.9	4.4	3.8
发达经济体	− 4.5	5	3.9	2.6
美国	− 3.4	5.6	4	2.6
欧元区	− 6.4	5.2	3.9	2.5
德国	− 4.6	2.7	3.8	2.5
法国	− 8	6.7	3.5	1.8
意大利	− 8.9	6.2	3.8	2.2
西班牙	− 10.8	4.9	5.8	3.8
日本	− 4.5	1.6	3.3	1.8
英国	− 9.4	7.2	4.7	2.3
加拿大	− 5.2	4.7	4.1	2.8
其他发达经济体	− 1.9	4.7	3.6	2.9
新兴市场和发展中经济体	− 2	6.5	4.8	4.7
亚洲新兴市场和发展中经济体	− 0.9	7.2	5.9	5.8
中国	2.3	8.1	4.8	5.2
印度	− 7.3	9	9	7.1
东盟 5 国	− 3.4	3.1	5.6	6
欧洲新兴市场和发展中经济体	− 1.8	6.5	3.5	2.9
俄罗斯	− 2.7	4.5	2.8	2.1

续表

统计项	年同比			
	2020 年	2021 年 e	2022 年 f	2023 年 f
拉丁美洲和加勒比地区	−6.9	6.8	2.4	2.6
巴西	−3.9	4.7	0.3	1.6
墨西哥	−8.2	5.3	2.8	2.7
中东和中亚	−2.8	4.2	4.3	3.6
沙特阿拉伯	−4.1	2.9	4.8	2.8
撒哈拉以南非洲	−1.7	4	3.7	4
尼日利亚	−1.8	3	2.7	2.7
南非	−6.4	4.6	1.9	1.4
备忘项				
基于市场汇率的世界经济增长	−3.5	5.6	4.2	3.4
欧盟	−5.9	5.2	4	2.8
中东和北非	−3.2	4.1	4.4	3.4
新兴市场和中等收入经济体	−2.2	6.8	4.8	4.6
低收入发展中国家	0.1	3.1	5.3	5.5
世界贸易量（货物和服务）	−8.2	9.3	6	4.9
发达经济体	−9	8.3	6.2	4.6
新兴市场和发展中经济体	−6.7	11.1	5.7	5.4
商品价格（美元）				
油	−32.7	67.3	11.9	−7.8
非燃料（基于世界商品进口重量的平均值）	6.7	26.7	3.1	−1.9
消费者价格指数				
发达经济体	0.7	3.1	3.9	2.1
新兴市场和发展中经济体	5.1	5.7	5.9	4.7

注：* e＝估计；f＝预测。假设实际有效汇率保持在 2021 年 12 月 10 日至 2022 年 1 月 7 日的普遍水平上。经济体是根据经济体规模列出的。汇总的季度数据经季节调整。预测更新的国家约占全球 GDP 的 90%。

东盟 5 国指的是印度尼西亚、马来西亚、菲律宾、泰国、越南。印度数据始于每年 4 月。

资料来源：国际货币基金组织：《世界经济展望》2022 年 1 月。

（三）刺激政策的风险后遗症不容忽视

为应对冲疫情冲击导致的经济下行风险，多国采取了较为激进的刺激政策。美国总统拜登签署 1.9 万亿美元的救助计划，刺激经济总需求，并于 2021 年 3 月提出美国就业计划，希望从供给侧创造数百万个工作岗位，加大美国基础设施和研发投资力度，振兴美国制造业，强化美国产业供应链。同时，美国推出了比次贷危机期间更为猛烈的货币政策。美联储宣布为多国提供流动性支持，并施行无限量 QE，入场购买债券，近乎是MMT 理论的财政赤字货币化试验。欧洲各国政府也积极推出抗击疫情和经济刺激政策，央行资产负债表急剧扩张。截至 2021年年底，美联储和欧洲央行总资产达 8.76 万亿美元和 8.57 万亿欧元，几乎是 2019 年年底的两倍，均达历史峰值。

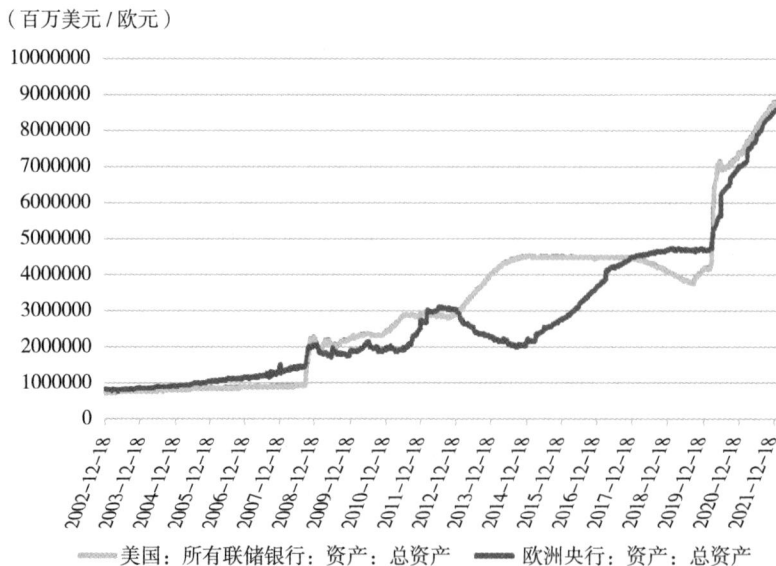

图 4 - 1　美联储和欧洲央行总资产

资料来源：Wind。

刺激政策在短期刺激经济增长，但副作用将在中长期逐渐显现。全球风险感知调查（GPRS）显示，大宗商品价格冲击、物价不稳定和债务危机已成为世界短期最关键的风险点。

一是大宗商品价格指数自 2020 年年末以来上涨了 30%，在 2021 年维持高位运行。大规模货币财政刺激经济需求，疫情导致集装箱紧缺、航线紧张和运费高企，大宗商品交易成本上升，同时疫情反复致使全球重启开放再度延后，供应链危机问题在短期内难以解决，大宗商品供不应求，市场出现短缺。此外，欧盟和俄国的紧张局势和中国能源短缺对大宗商品价格走势增加了更多不稳定性因素。能源等大宗商品价格持续飙升以及供应链瓶颈问题通过物价渠道冲击居民消费和企业投资，影响经济复苏进程。

二是多国通胀问题严峻。2021 年美国 CPI 为 4.7%，创近四十年来峰值，核心 CPI 为 3.6%，创近三十年来以来新高，且 2021 年全年通胀呈逐月走高态势。2021 年 12 月美国 CPI 和核心 CPI 季调同比分别为 7.1% 和 5.5%，较 2021 年 1 月分别高 5.7 和 4.1 个百分点，其中 12 月能源价格同比增速维持高位约 29.6%。尽管亚特兰大联储薪资增长指数在当前仍走势相对温和，但劳动力短缺状况正在导致工资逐渐上涨。需要警惕"工资—物价"螺旋上涨苗头，物价上涨的同时，薪酬也上涨，可能进一步加剧通胀的自我强化和预期自我实现，叠加疫情反复和供应链风险，可能导致美联储的"通胀暂时论"难以成立，通胀治理难度上升。除美国外，其余国家也面临通胀困境，12 月欧盟 HICP（调和 CPI）同比增速为 5.3%，为 1997 年记录以来最高值。在新兴经济和发展中国家，高物价和高通胀正在加重低收入家庭的生存压力，中小企业则面临消费疲软下的破产风险。

三是全球债务风险上升，2020 年公共债务与 GDP 比值上升了 13 个百分点至 97%[①]。美国国会预算办公室（CBO）预计，

---

① 世界经济论坛：《2021 全球风险报告》2022 年 1 月。

美国公共债务占 GDP 比重将上升至 102.3%，债务风险提高可能将制约财政政策空间。欧洲债务风险也有所抬升，欧元区政府部门杠杆率①从疫情前的 85.7% 上升近 13 个百分点至 2021 年 6 月的 98.5%。截至 2021 年 6 月②，新兴市场政府部门杠杆率自疫情暴发以来上升近 8 个百分点，非金融部门杠杆率较疫情前上升近 15 个百分点至 208.6%，新兴市场金融脆弱性加大。全球债券杠杆率上升激增，堪比大萧条与"二战"之间的水平，引发国际市场广泛担忧。

二　中国经济平稳复苏，需求收缩压力较大

中央经济工作会议指出，中国当前面临"需求收缩、供给冲击、预期转弱"三重压力，"需求收缩"居于首位。国家统计局数据显示，2021 年中国 GDP 增速为 8.1%，两年平均 5.1%，经济平稳复苏。但要注意的是，疫情反复可能制约消费复苏节奏，制造业投资节奏放缓，基建投资增速低迷，房地产投资增速下行，进出口高位运行但未来可能周期性回落，经济面临需求回落风险。

（一）2021 年中国经济平稳增长，第四季度增速有所放缓

2021 年国内生产总值 1143670 亿元，按不变价格计算，比上年增长 8.1%，两年平均增长 5.1%。分季度来看，第一季度同比增长 18.3%，第二季度增长 7.9%，第三季度增长 4.9%，第四季度增长 4.0%。受基数效应和需求走弱等因素影响，经济增速逐季走低。

分产业结构来看，第三产业对经济增长贡献最多。一是第

---

① 数据来源：国际清算银行，Wind。
② 数据来源：国际清算银行，Wind。

一产业增加值占比较低，对 GDP 增速拉动有限。第一产业增加值 83086 亿元，比上年增长 7.1%，占 GDP 比重为 8%，拉动 GDP 增速 0.54%，对 GDP 增速贡献率为 6.7%，同比 2020 年下降 3.3 个百分点。二是第二产业是经济发展中坚力量，但对 GDP 增速贡献有所下降。第二产业增加值 450904 亿元，增长 8.2%，占 GDP 比重为 43%，拉动 GDP 增速 3.09%，对 GDP 增速贡献率为 38.2%，同比 2020 年下降 5.3 个百分点。三是第三产业增加值占 GDP 比重过半，是经济增长第一大贡献力量。第三产业增加值 609680 亿元，增长 8.2%，占 GDP 比重为 57%，拉动 GDP 增速 4.46%，对 GDP 增速贡献率达 55%，同比 2020 年上升 8.5 个百分点。

分行业来看，工业仍为对 GDP 增速贡献最大的行业大类。工业对 GDP 增长贡献率达 36.51%，是长期以来 GDP 增速第一大贡献行业类别。此外，疫情防控卓有成效，消费贸易逐步复苏，批发零售业、住宿餐饮业对 GDP 增速贡献率均实现年度由负转正，分别贡献 13.2% 和 2.69%，同比 2020 年分别增加 17.41 和 17.39 个百分点，贡献率逐步恢复至疫情前水平。金融业和 IT 业对经济增长贡献率下降较快，较 2020 年分别下降 17.11 和 21.88 个百分点至 4.88% 和 7.99%，略低于疫情前水平。

从"三驾马车"来看，消费对经济增长贡献最多，投资需求相对不足，净出口贡献力量保持高位运行。全年来看，最终消费支出、资本形成总额、货物和服务净出口对经济增长的贡献率分别为 65.4%、13.7% 和 20.9%，分别拉动经济增长 5.3%、1.1% 和 1.69%。消费对经济的拉动作用恢复到疫情前水平，货物和服务净出口支撑力度达到历史高位，投资支撑则相对不足。

（二）消费发挥"压舱石"作用，疫情反复可能影响消费复苏

第一，消费平稳复苏，第四季度有所回落。全年社会消费

品零售总额 440823 亿元，比 2020 年增长 12.5%，高于 GDP 同比增速；受去年疫情对消费打击较大影响，两年平均增长 3.9%，低于 GDP 整体增速。从第四季度来看，受基数效应和需求收缩影响，社会消费品零售总额同比增速有所回落，各月同比增速不及 5%。分结构来看，必选消费稳定复苏，第四季度限额以上粮油食品类零售额和饮料类零售额同比增速均超过 10%，明显高于消费整体增速。可选消费稳定升级，限额以上单位金银珠宝类、文化办公用品类商品零售额全年分别增长 29.8%、18.8%。受益于原油价格走高，石油及制品类零售总额同比增速较快，第四季度各月增速高于 20%。整体来看，消费是经济复苏的第一大支撑力量，最终消费支出对经济增长贡献率全年高达 65%，且贡献重要性逐季升高，从第一季度的 54%，上升至第四季度的高于 80%。

第二，新一轮疫情暴发影响消费复苏进程，线上消费增速较高。奥密克戎毒株导致新一轮疫情出现，大众出行和聚集性活动有所减少，线下餐饮业复苏较弱，餐饮行业的社会消费品零售总额同比增速自 11 月以来由正转负，超过 -2%。疫情反复背景下，线上消费发展较快。全年全国网上零售额 130884 亿元，比上年增长 14.1%。第四季度，网上零售额增速依旧保持高速增长态势，各月增速均高于 12%。其中，"吃"和"用"的网上商品零售总额同比增速持续高于"穿"，显示必选消费需求较可选消费相对旺盛。从"穿"来看，线上消费增速依旧保持 8% 以上增速，但连同线下来看，限额以上服装类零售额同比增速自 8 月以来为负，线下需求增长较慢。此外，地产相关消费增长乏力，家用电器和音像器材类、家具类、建筑及装潢材料类零售额同比增速下降。

第三，居民收入稳定增长，汽车消费和服务业预期向好。全年全国居民人均可支配收入 35128 元，比上年名义增长 9.1%，两年平均名义增长 6.9%；扣除价格因素实际增长

8.1%，两年平均增长 5.1%，与经济增长基本同步，居民收入增长对消费形成重要支撑。第四季度以来，汽车产销逐渐向好，乘用车产量和销量同比跌幅均逐渐缩窄，并于 12 月同比增长转正，分别为 8.39% 和 1.96%，结束 5 月以来产量、销量同比增速为负。2021 年以来，汽车经销商库存系数整体呈下行态势，销售去库存压力不大。新能源汽车行业景气高企，2021 年产量和销量同比增速达 170%，全年渗透率 13%，强势引领汽车工业，未来增长空间巨大，渗透率有望进一步提升。全年第三产业增速 8.2%，略高于 GDP 增速，全年全国服务业生产指数比 2020 年增长 13.1%，两年平均增长 6.0%，维持恢复性增长。1—11 月，规模以上服务业企业营业收入同比增长 20.7%，两年平均增长 10.8%，明显高于 GDP 整体增速。第四季度服务业 PMI 连续三个月均在荣枯线以上，依次为 51.6、51.0 和 52，下半年除 8 月以外的服务业 PMI 均处于景气扩张空间。

（三）制造业投资边际转暖，但有效需求相对不足

第一，制造业投资增速较快，融资条件较为宽松。制造业投资 2021 年呈回升态势，第四季度各月制造业固定资产投资维持两位数增速，全年同比增长 13.5%，高于 GDP 同比增速。1—12 月，规上工业增加值同比增长 9.6%，两年平均增长 6.6%，规上工业企业利润增长 34.3%，两年平均增长 18.2%，高于 GDP 增速。制造业 PMI 于 11 月、12 月重回荣枯线以上，显示制造业景气度边际转暖。从季末 12 月 PMI 的 15 个细分行业来看，8 个行业 PMI 高于荣枯线，分别是计算机通信电子、专用设备、金属制品等 3 个中游装备行业，汽车、医药、纺服 3 个消费品制造行业，化工和非金属矿 1 个高耗能行业，扩张行业数量多于收缩行业，相对 11 月高景气行业仅有 5 个，12 月景气行业边际增多。长江商学院中国企业经营状况指数 BCI 自 3 月以来震荡下行，12 月较 11 月有所转暖，月度 BCI 重回荣枯线以

上，显示中国经济景气度边际回升。制造业贷款需求指数高位运行，全年均在65%以上，第四季度到达67%，融资需求较为旺盛。12月人民银行降低存款准备金率并引导1年期LPR降低5个基点，货币政策灵活适度，中国金融条件指数全年低于0，显示金融环境相对宽松。

第二，制造业经济结构有所优化，向"高质量"方向发展。高端制造发展态势向好，显示中国经济在向高级形态迈进。1—12月高技术制造业投资累计同比为22.2%，高于制造业投资整体增速；全年高技术产业工业增加值同比增长18.2%，明显高于工业增加值整体增速，并明显高于疫情前同期增速。从PMI指标来看，年末高技术制造业、装备制造业PMI分别为54和51.6，高于制造业总体PMI的50.3，尤其是汽车行业景气度连续3个月位于55以上的高景气区间。战略性新兴产业景气度颇高，EPMI连续4个月处于景气扩张区间，第四季度各月EPMI分别为56.2、51.3和54.2。第四季度末尤以新能源产业EPMI最高，达到61.9，整体新兴产业产品订货指标达到54.5。高耗能行业PMI则大多处于景气收缩区域，如黑色、石油加工及炼焦、有色、化纤橡塑等，尤其是黑色PMI已连续3个月位于40以下低位区间。第四季度粗钢、焦炭、水泥产量持续下滑，且有跌幅扩大态势，采矿业工业增加值增速回落，高耗能行业对工业增加值增长的驱动减弱。此外，消费品制造行业景气面有所回升，四个消费类行业中有汽车、医药、纺织服装3个行业PMI处于荣枯线以上。

第三，有效需求不足影响制造业开工效率，投资预期有所转弱。因基数效应和需求有所收缩，下半年全国规模以上工业增加值运行增速不及上半年，第四季度平均增速不及4%，略低于当季GDP增速。其中，制造业工业增加值同比增速不及采矿业、电力、燃气及水的生产和供应业。从工业企业利润总额两年平均累计同比增速来看，下半年运行区间不及20%，不及上

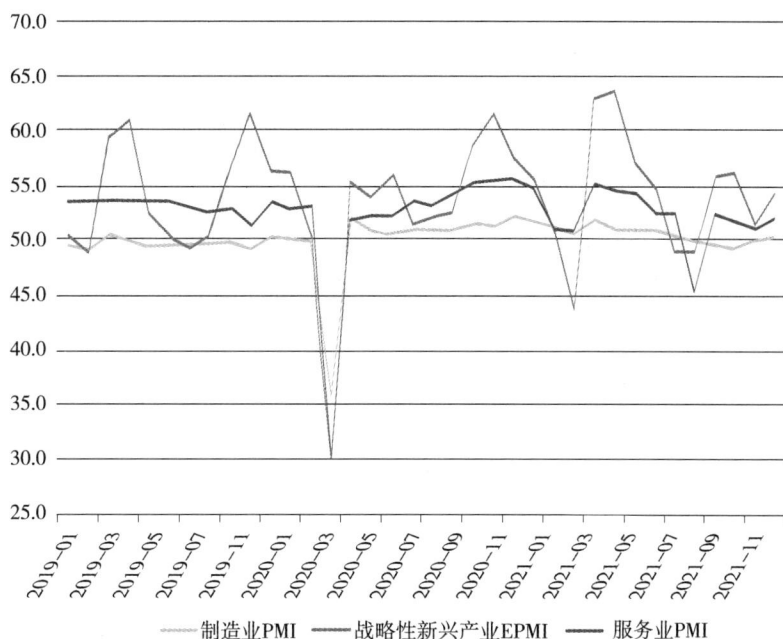

图 4 - 2　采购经理指数

资料来源：Wind。

半年增速，且在第四季度有继续下探态势。第四季度各月工业
企业产销率分别为 97.3%、97% 和 98%，呈现逐步下行态势，
并已连续 7 个月同比为负，显示实体经济需求不足，供求无法
完全匹配。工业用电量两年平均同比增速在第四季度末持续下
滑，显示制造业开工不足，需求偏弱。从 PMI 来看，2021 年处
于景气扩张区间的行业数量呈逐季走低态势，第四季度景气行
业数量为 6.7 个，中观行业景气度呈下行态势。根据人民银行
的季度问卷调查，2021 年企业家宏观经济热度指数年均不及
50，并在第二季度开始连续下滑，第四季度指数仅 37.3，且制
造业贷款需求指数自 2021 年第二季度以来有所下滑，第四季度
为 67.4，较第二季度低近 5 个点，反映制造业投资预期相对悲
观。同时，第四季度各月新订单 PMI 均低于 50，但产成品库存、
原材料库存 PMI 在第四季度逐渐修复，呈现被动补库存特征，

供需错配以需求不足为主要矛盾。

第四，制造业投资的外向型依赖依旧存在，但长期不可持续。疫情导致世界多国生产停滞和供应链断裂，但经济刺激政策助推需求上升，境外经济体的供需缺口扩大。与国外相比，中国疫情防控和复工复产成效显著，得以享受"疫情窗口期"，中国出口填补外需缺口，工业出口交货值保持高速，第四季度增速运行区间明显高于整体工业增加值，且增速持续走高，从10月的11.6%上扬至12月的15.5%。但随着世界经济在未来重启和高运价等航线瓶颈制约逐渐解除，外需拉动难以持续。新出口订单PMI已连续8个月低于50，处于收缩区间，海外经济体生产供给能力逐步复苏，对国内出口可能形成替代效应，内外需PMI走势呈现分化。

第五，小型企业与大中型企业复苏不均衡，中小企业更需资源支持。第四季度各月小型企业PMI均不及50，12月为46.5%，已连续8个月低于荣枯值，且小型企业新订单指数、新出口订单指数、经营预期、采购量指数等各项指标均全面回落，而大中型企业PMI处于景气区间，尤其是大型企业全年各月PMI均处于景气扩张区间，中型企业则在9月、10月进入收缩区间后于11月、12月重回荣枯线以上，显示当前经济复苏不均衡，小微企业经营困难大于大中型企业，呈现出"大者恒强"的规模分化特征，亟须政策护航小微企业生产经营。从贷款需求指数来看，第四季度小型企业贷款需求明显高于大中型企业，反映小型企业更需金融资源提供支持。

（四）基础设施建设增速较低，需求拉动相对不足

第一，传统基础设施建设增长缓慢，基建资金需求疲软。2021年全年基础设施（不含电力）投资同比增长0.4%，两年平均同比增速为−0.3%。下半年以来基建增长较为低迷，基础设施建设投资（不含电力）累计投资完成额两年平均同比增速

自 6 月以来呈现走低态势，11 月跌为负值 - 0.17%。从中高频数据来看，挖掘机销量在下半年出现季节性环比回落，第四季度各月同比跌幅超 30%，且跌幅自 6 月起走阔，反映基建需求同比不及 2020 年，较疫情前 2019 年第四季度水平来看基本持平，基建未有明显发力。基建资金来源方面，基础设施建设资金增长有限。具体来看，公共财政支出累计同比自第二季度以来持续走低，全年同比仅有 0.3%。地方债支持基础设施建设有一定时滞，形成实物工作量仍需一定时间。人民银行调查的基础设施贷款需求指数则自 2021 年第一季度以来持续四个季度回落，第四季度仅有 60.8，较第一季度低近 10 个点。此外，在坚决遏制地方政府隐形债务背景下，部分城投平台举债融资难度上升。

　　第二，基建原材料行业量价走低，显示基建、地产需求不足。钢铁行业方面，全国电炉开工率和产能利用率则自 6 月以来均持续下行，二者截至年底仅有 54%，全国螺纹钢主要钢厂开工率和全国线材主要钢厂开工率自下半年以来下行，第四季度维持低位运行，开工率分别不及 56% 和 60%。价格方面，下半年以来，铁矿石综合价格指数、螺纹钢价格、热轧板卷价格自高位回落。产量方面，重点企业粗钢日均产量呈现下行趋势，11 月下旬后有所回升，但第四季度运行区间在 170 万—190 万吨/天，同比不及 2020 年同期水平 210 万—220 万吨/天。库存方面，钢材库存整体平稳，整体在 1300 万—1400 万吨之间波动运行。水泥行业方面，全国水泥价格指数和分区域指数自 10 月初高位 210 点降低至 12 月末 180 点，较高点回落近 14 个百分点，全国水泥熟料企业开工率整体下行，自 82% 回落至 61%，水泥产量同比增速已连续 8 个月为负数，且第四季度降幅高于第二、第三季度。混凝土行业方面，全国混凝土价格指数则从 8 月 142 点陡然上行至 10 月末 161 点，年末两月价格指数开始下滑，并降至 12 月末的 157 点。整体来看，第四季度建材综合指数近两年高位 210 持续回落至 171，回落超 18 个百分点，显示下游基建和地产需求偏弱。

（五）房地产业增速下行，销售景气相对较低

第一，2021 年房地产开发资金增速收缩，投资增速下行。2021 年房地产开发资金同比增速为 4.2%，较 2020 年同比增速下行 4 个百分点，两年平均增速由正转负为 -3.6%。分结构来看，国内贷款同比增速下行最为显著，自 6 月以来累计同比增速均为负值，且跌幅逐渐扩大，1—12 月累计同比增速为 -12.7%。外资占开发资金构成比重最小，但同比跌幅最大达 -44.1%，显示境外资本对房地产市场的担忧情绪浓厚。为补齐外源融资资金缺口，地产企业通过库存周转、销售回款弥补资金周转需求，2021 年以来各月自筹资金和其他资金较 2019 年同期同比增速均为正数，其中自筹资金增速较快，其他资金占房地产资金来源同比增长，且在资金来源中比重过半。此外，2021 年以来各月各项应付款同比增速较高，显示房企资金链紧张，占用上下游款项情形增多。在地产融资收缩背景下，两年平均的房地产开发投资完成额累计同比增速自年初以来就持续下行，全年增速为 4.4%，分别较 2020 年和 2019 年低 2.6 和 5.5 个百分点，连续两年增速下跌。2021 年房地产新开工面积增速自 7 月以来由正转负，且跌幅逐月扩大，2021 年全年增速为 -11.4%，跌幅较 2020 年扩大 10 个百分点。2021 年房地产土地购置面积同比增速为 -15.5%，且第四季度跌幅逐月扩大，地产开发较为乏力。

第二，房地产销售景气度下降，一、二手房销价和土地成交溢价率走低。宏观层面来看，在货币供应量要与名义 GDP 基本匹配情况下，货币供应没有超额缺口，宏观流动性难以支撑地产销售景气，且居民人口结构和住宅存量也表明地产已过"黄金年代"。政策层面来看，坚持"房子是用来住的，不是用

来炒的"定位，房地产市场以稳为主。市场层面来看，2021 年商品房销售面积同比 2019 年增速约为 3%，居民持币观望，投机购房需求减少。国房景气指数自 4 月以来持续下行，显示房地产销售景气程度边际下降。70 个大中城市新建商品住宅价格指数和二手住宅价格指数当月同比增速自 2019 年 4 月以来均呈下行态势，2021 年第四季度一手房价格指数同比增速不及 3%，二手房价格指数同比增速不及 2%，且一、二手房价格指数增速均呈现分化态势，三线城市增速明显低于一线城市。先行指标销售仍在下行通道，房地产开发投资短期内尚未企稳。100 个大中城市土地成交价溢价率自 2017 年以来则呈波动下行态势，2021 年年末溢价率不足 5%。此外，房地产需求中以改善性需求为主，144 平方米以上住房的开发投资完成额累计同比增速、新建住宅价格指数均高于 90 平方米以下住房。

（六）进出口高位运行，未来可能周期性回落

第一，中国疫情防控和经济复苏保持优势，助推中国进出口高速增长。疫情暴发以来，中国果断采取多项有力措施，实现了境内感染者的动态清零，并统筹疫情防控和复工复产，以较短时间的经济停滞成本换取了经济生产的较快复苏，使中国疫情防控和经济发展均处于全球领先地位。与中国不同，国外经济生产遭受疫情打击而修复有限，但在经济刺激政策和个人救助下，世界经济需求旺盛，2021 年 OECD 综合领先指标高位运行，供给需求存在错位。中国凭借产业链完备的超大经济体优势，充分发挥"世界工厂"作用，对世界经济生产形成有效"补位"，进出口高速增长，填补满足世界经济需求缺口。2021 年出口总值达 33639.6 亿美元，同比增长 29.9%，进口总值达 26875.3 亿美元，同比增长 30.1%。第四季度，中国出口（美元）同比增长 22.8%，依旧保持高位运行，同期进口同比增长 23.4%，货物贸易顺差总额为 2509 亿美元，同比增加 435 亿美元。

第二,随着全球贸易逐渐重启,中国出口或将逐步回落。中国外需在疫情期间得以发展,客观存在境外生产能力停滞原因。随着疫苗逐渐普及,多国事实上形成"全民免疫"并与病毒长期共存,全球产业链和供应链逐步重启,境外产能或将对中国出口形成替代效应。从第四季度来看,中国出口同比增速已较上季度回落2.5个百分点,且10—12月出口同比增速呈下行态势,分别为27.1%、22.0%和20.9%。除产能替代因素外,2021年出口基数较高,世界经济复苏放缓减弱外需等因素均可能导致中国出口在未来逐步回落。尽管出口可能周期性回落,中国出口份额均衡水平或仍将较疫情前历史均值有所抬升。疫情导致全球产业贸易分工大调整,技术、资源、航运、产能分布等多种要素配置格局出现变化,"后疫情"时代中国产业竞争力或将进一步提升,新的出口份额均衡或将处于高于疫情前历史均值且低于疫情时高位的水平。

(七)金融运行保持平稳,直接融资成效提升

第一,政府债券是社会融资规模增量的主要支撑,金融数据有望进一步转好。12月社会融资规模新增2.37万亿元,同比多增7206亿元,同比增长10.3%,增速较11月回升0.2个百分点,其中政府债券新增1.17万亿元,相比于去年同期增加4500亿元。从政策面来看,逆周期政策发力,专项债抓紧发行,并力争第一季度形成更多实物工作量。信贷资金显示,12月中长期贷款新增3393亿元,同比有所少增,但银行受业务目标和监管引导的激励,将在2022年第一季度争取信贷业务"开门红",年底加紧业务储备,第四季度信贷数据存在季节性回落。从制造业边际复苏和基建投资稳增长态势来看,信贷数据有望逐步抬升。同时,M2和M1增速逐渐回升,12月M2和M1同比增速分别为9.0%和3.5%,环比加快0.5个百分点,企业和居民部门可用流动性逐渐增多。随着春节临近,居民用款需求

上升，M1 有望进一步转暖。此外，随着政府债券发行和财政政策更加积极、货币政策更加灵活适度和地产政策边际缓和，企业存款有望进一步上升，12 月新增存款 11600 亿元，同比增加 13693 亿元，并以居民和企业增加为主。

第二，M2 增速与名义 GDP 基本匹配，有效满足实体经济融资需求。从全年来看，12 月末 M2 余额达 238.29 万亿元，同比增长 9%，与名义 GDP 增速基本匹配。M1 余额 64.74 万亿元，同比增长 3.5%，M0 余额 9.08 万亿元，同比增长 7.7%。从货币政策来看，全年净投放流动性 6510 亿元，流动性保持合力充裕。从贷款来看，12 月末贷款余额 192.69 万亿元，同比增长 11.6%，增速高于名义 GDP 增速。人民币贷款增加 19.95 万亿元，其中企事业单位贷款占比最多，金额 12.02 万亿元，占比超 62%。人民币存款余额约 232.25 万亿元，同比增长 9.3%，增量约 19.68 万亿元，其中以住户存款为主，增量 9.90 万亿元，占比过半。2021 年年末社会融资规模存量为 314.13 万亿元，同比增长 10.3%，其中人民币贷款余额 191.54 万亿元，占比超 60%，同比增速 11.6% 高于社会整体增速。非标融资中，委托贷款余额、信托贷款余额、未贴现的银行承兑汇票余额均为压降态势，同比增速分别为 -1.6%、-31.3%、-14%。政府债券增长最快，同比增速达 15.2%，余额 53.06 万亿元，约为企业债券余额的 1.8 倍，政府债券余额占社会融资比重达 16.9%，提升 0.6 个百分点。注册制下股权融资发展加速，非金融企业境内股票余额为 9.48 万亿元，同比增长 15%。

第三，直接融资发展较快，债券市场和股票市场平稳运行。债券市场方面，2021 年基准收益率前高后低，整体呈下行态势，债市呈牛市行情，10 年国债收益率自年初下行约 40 个基点至年底的 2.78%。2021 年全年债券市场发行[①]近 40 万亿元，其中企

---

① Wind 口径。

业债券净融资约 3.29 万亿元，占社会融资比重约 10.5%①。二级市场方面，银行间人民币市场日均成效 5.51 万亿元，同比增长 2.5%。股票市场服务实体经济能力进一步加强。上证指数、深证成指、创业板指涨幅分别为 4.8%、2.67%、12.02%，年末收于 3639.78 点、14857.35 点、3322.67 点，上证指数实现连续三年上行。2021 年，北京证券交易所成立并开市，深市主板中小板合并。上市公司数量创新高，截至 2021 年年底，沪深交易所及北交所上市公司总数达到 4697 家，全年共有 524 家公司实现 IPO 上市，合计募集资金 5437.73 亿元，两市股票总市值合计约 92 万亿元。二级市场方面，2021 年内日均成交额超过 1 万亿的交易日数量达到 149 天，占全年交易日总数的 61%，资金交投活跃，公募基金总规模突破 25 万亿元，年度新发基金数量创历史新高，私募基金存续规模近 20 万亿元，北向资金全年净买入 4321.7 亿元。

（八）就业形势逐渐向好，重点人群就业保持稳定

第一，城镇调查失业率降低，就业质量平稳上升。受益于经济恢复、新业态发展和就业政策发力等因素，全年城镇新增就业 1269 万人，比 2020 年增加 83 万人。全年全国城镇调查失业率平均值为 5.1%，比 2020 年平均值下降 0.5 个百分点。12 月份，全国城镇调查失业率为 5.1%，比 2020 年同期下降 0.1 个百分点。百度搜索指数"找工作"自 2021 年以来整体呈下行态势，全年水平明显低于 2020 年。制造业和非制造业 PMI 就业人员指数在 2021 年 4 月以来均处收缩区间，仍需重视就业压力预期，但 12 月指数环比 11 月有所上升，就业压力边际减小。从就业质量来看，就业人员平均工作时间全年呈上升态势，第四季度均值约为 48 小时，高于 2019 年和 2020 年水平。央行问卷

① 人民银行社会融资规模统计。

调查显示，未来收入信心指数重回扩张区间，显示城镇储户对未来收入增长预期向好，认为第四季度就业形势严峻、就业难的储户占比 37.3%，环比下降约 0.6 个百分点。

第二，关注重点群体就业问题，维持经济社会平稳发展。一是高校毕业生方面，2021 届高校毕业生总体达 909 万人，同比增加 35 万人，预计 2022 年毕业 1076 万人，同比增加 167 万人①。青年群体失业率较高，2021 年以来 16—24 岁就业人员调查失业率维持两位数水平，第四季度约 14.3%，25—59 岁就业人员调查失业率保持稳定，全年不及 5%。青年群体面临就业压力较大，考研人数创历史峰值 457 万人，同比增加约 80 万人②，增幅也创历史新高。二是农民工方面，2021 年农民工总量为 29251 万人，比 2020 年增加 691 万人，2020 年较 2019 年有所下降，2021 年超出疫情前 2019 年的水平。月均收入约 4432 元，同比增长 8.8%，与 GDP 增速基本匹配。须关注中国人口老龄化背景下，农民工可能面临年龄大、学历不高的失业风险和工作权益保障缺失问题。最新数据显示，2020 年 40 岁以上农民工占比已超过 50%，且 50 岁以上农民工人数占比 26.4%，为各年龄段占比最高人群。大部分学历文化、技能认知均较低，要避免年龄增大后的失业问题，须进一步完善相关就业机制。三是灵活就业人员方面，人数已有 2 亿左右。部分平台外卖骑手达到 400 多万人，主播及相关从业人员 160 多万人。要进一步支持新业态发展，积极鼓励吸纳就业，并完善相关机制，保障工作人员合法权益。

---

① 教育部网站：《2021 届高校毕业生规模 909 万，同比增 35 万》，http：//www. moe. gov. cn/fbh/live/2021/53931/mtbd/202112/t20211229 _ 591220. html。

② 教育部网站：《2022 年全国硕士研究生招生考试报考人数为 457 万》，http：//www. moe. gov. cn/jyb _ xwfb/gzdt _ gzdt/s5987/202112/t20211222 _ 589176. html 和 http：//www. moe. gov. cn/jyb _ xwfb/s5147/202012/t20201228 _ 507808. html。

（九）PPI 通胀压力较大，但整体通胀仍然可控

第一，PPI 仍处于历史高位区间，但已边际回落，通胀风险和中下游企业成本压力下降。疫情反复导致全球上游原材料和工业品供需错位，叠加全球流动性宽松，2021 年 PPI 处于高位，尤其是 1 月至 10 月，PPI 节节攀升，10 月 PPI 同比数值达 13.5%，创下历史纪录新高。从高频指标来看，Brent 原油现货价格和 WTI 原油现货价格均维持震荡上行态势，年末价格较年初分别上涨 53% 和 44%，10 月 Brent 原油现货价格达 83 美元/桶，创近五年新高。煤炭价格和有色金属在 2021 年经历了"煤飞色舞"，5500 大卡环渤海动力煤平均价格指数 2021 年上涨幅度达 24%，锌、铅、铜、铝、镍、锡等有色金属 LME3 月期货官方价年内涨幅分别达 26%、12%、22%、39%、19% 和 88%。第四季度以来，PPI 数值有所回落，同比指标来看，12 月 PPI 同比数值为 10.3%，已连续两个月下行；环比指标来看，11 月环比数值下探至持平，12 月环比继续下探至 −1.2%，边际持续回落，自 2020 年 5 月以来首次环比为负。PPI 回落表明通胀风险下降，尤其是"滞胀"担忧逐步消解，增强了中国货币政策灵活适度的空间。同时，PPI 边际回落意味着工业消费品涨幅趋于温和，上游原材料价格高企压力减少，有望缓解中下游企业成本压力。

第二，CPI 保持基本稳定，社会通胀水平整体平稳。全年居民消费价格（CPI）比上年上涨 0.9%，较 11 月回落 0.8 个百分点。扣除食品和能源价格的核心 CPI 上涨 0.8%，通胀风险整体可控。食品价格回落是 PPI 走低的核心因素，猪肉价格下降 30.3%，全国猪粮比价自 2020 年 7 月以来整体呈下行态势，年末值为 5.96%，处于历史低位区间。12 月，居民消费价格同比上涨 1.5%，涨幅比上月回落 0.8 个百分点，环比下降 0.3%，显示 CPI 通胀压力并未抬升。此外，疫情冲击服务消费，相关

行业需求不振，CPI 处于低位。12 月服务 CPI 同比连续 6 个月维持在 1.5% 附近，低于疫情前水平。

第三，全社会通胀水平较往年升高，但整体仍在可控区间。GDP 平减指数为 4.38%，为近九年新高，第四季度到达峰值，第一、第二、第三、第四季度平减指数分别为 2.05%、4.82%、4.21% 和 5.22%。分产业来看，第一产业物价有所收缩，平减指数为 -0.58%。物价升高主要由第二产业贡献，平减指数为 8.65%，其中工业和建筑业平减指数分别为 8.64% 和 8.34%。第三产业物价保持稳定，平减指数为 2.08%，其中住宿餐饮业和房地产业数值较低，分别为 2.01% 和 0.41%，金融业、批发零售业、交通运输仓储邮政业数值分别为 4.08%、3.32%、3.45%，高于第三产业平减指数整体水平。

三　财政收入增收明显，支出精准性进一步提升

（一）公共财政收入突破 20 万亿元

2021 年，全国一般公共预算收入 20.25 万亿元，近乎实现十年时间翻一番，全年完成预算并有一定超收。其中，税收收入 17.27 万亿元，增长 11.9%，占比约 85%；非税收入 2.98 万亿元，增长 4.2%，占比约 15%。财政收入恢复性增加，体现中国经济稳步复苏，且物价上涨带来一定价格效应。

财政收入增速不及经济增速，减税降费落到实处。预算收入同比增长 10.7%，较名义 GDP 增速 12.6% 相对较低，与 2019 年相比增速 6.4%，低于名义 GDP 增长水平约 9 个百分点。其中，中央一般公共预算收入 9.15 万亿元，比上年增长 10.5%；地方一般公共预算本级收入 11.1 万亿元，比上年增长 10.9%。中央地方财政收入增速均低于名义 GDP 水平，且近十年来财政收入增速均低于 GDP 增长水平。"十三五"期间累计减税降费超过 7.6 万亿元，2021 年继续新增减税降费超 1 万亿元，减税

降费政策持续发力，减轻市场主体压力，激发经济活力。但需
要注意的是，财政收入两年平均增速 3.1% 低于名义 GDP 和实
际 GDP 增速，占 GDP 的比重持续下降，财政可持续性压力和发
挥积极作用稳定经济的压力有所上升。

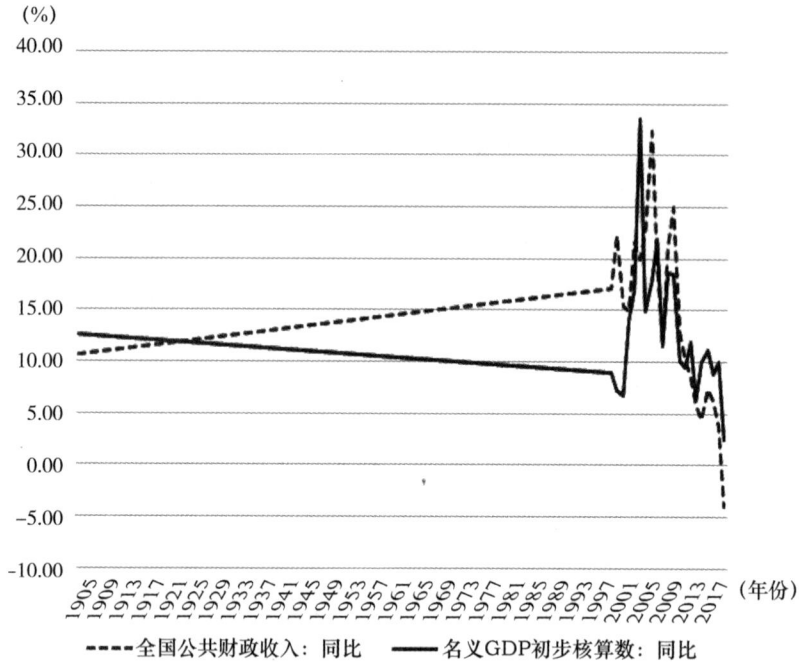

图 4 - 3　财政增速与名义 GDP 增速比较

资料来源：Wind。

（二）减税降费效果显著

进一步优化和落实减税降费政策，全年新增减税降费超过
1 万亿元。通过落实减税降费政策，促进"放水养鱼"，减轻
市场主体负担，激发市场活力。具体来看，一是坚持扶小扶
弱。1 亿多市场主体是中国经济基本盘，是创新科技的源泉和
吸纳就业的海绵。将小规模纳税人增值税起征点从月销售额 10
万元提高到 15 万元，在现行减半征收的基础上，再减半征收
小微企业和个体工商户年应纳税所得额不到 100 万元的部分。

二是支持"专精特新"。引导中国经济向高端制造和科技创新转型。将制造业企业研发费用加计扣除的比例提高到100%，并允许企业可以按照半年或者提前享受2021年前三季度的优惠；对先进制造业企业实行按月全额退还新增的未抵进项增值税税额。三是做好疫情政策衔接。延长小规模纳税人减征增值税等政策执行期限；继续实施阶段性降低失业保险、工伤保险费率政策；取消港口建设费；降低航空公司民航发展基金的征收标准；继续免征相关防疫药品和医疗器械注册费；取消普通护照加注收费；加大各类违规涉企收费的整治力度。四是完善制度性减税。降低增值税税率、增值税留抵退税、个人所得税专项附加扣除及企业所得税环境保护、节能节水优惠等制度性优惠政策。

（三）财政支出同比持平

财政支出增速较慢，全国一般公共预算支出24.63万亿元，同比增长0.3%，与2020年应对疫情期间近乎持平。其中，中央一般公共预算本级支出3.5万亿元，比2020年下降0.1%，剔除国防武警、国债发行付息、储备等支出后，中央部门支出下降8.2%，体现中央带头过紧日子，严肃财经纪律，并腾挪资源让渡地方和基层。地方一般公共预算支出21.13万亿元，比2020年增长0.3%，占总预算支出比重的近86%，持续推进财力下沉，优化支出重点和结构。

（四）进一步提高财政支出的精准性和有效性

2021年建立了常态化财政资金直达机制，规模达到2.8万亿元，并向基层倾斜，分配省级1万亿元，分配市县1.8万亿元。资金直达使用单位，没有滞留，实现"一竿子到底"，截至年末实际形成支出2.67万亿元。重点领域支出得到有力保障，教育、科学技术、社会保障和就业分别增长3.5%、7.2%、

3.4%，均高于总体支出增幅。

四 2022年全球和中国宏观经济展望

（一）世界经济复苏放缓，新兴市场和发展中国家面临压力较大

1. 全球复苏放缓，新兴经济体和发展中国家经济失速风险较大

随着前期需求释放，财政、货币政策逐渐回归正常化，供应链和经济生产活动受到疫情冲击压力较大，全球经济增长放缓。世界银行发布的2022年1月《全球经济展望》预计，2021年全球经济增长5.5%，2022年增长4.1%，较2021年6月的预测均下调0.2个百分点，2023年进一步下降至3.2%。国际货币基金组织1月发布的《世界经济展望》则预测2022年全球经济增速为4.4%，较2021年10月预测下调0.5个百分点，2023年放缓至3.8%。当前全球经济发展面临宏观经济严重失衡、全球不平等状况加剧和通货膨胀率持续攀升三大问题。此外，如果奥密克戎变种蔓延扩散加快，甚至出现更危险的毒株，各国卫生系统崩溃并致使多国重新进入封闭状态，供应链中断和能源价格上涨持续，2022年全球经济失速将更加严重，经济下行压力可能持续更长时间。

在经济放缓背景下，经济体分化将更加明显。世界银行预计，发达经济体的增长率预计将从2021年的5%下降到2022年的3.8%和2023年的2.3%，发达经济体将恢复到疫情前水平。新兴市场和发展中经济体的增长率将从2021年的6.3%下降到2022年的4.6%和2023年的4.4%，降幅较发达国家更大，经济增长将依旧低于疫情前趋势水平。疫情反复背景下，发展中国家同时面临收入不平等加剧，疫苗可得性不足，叠加通胀高企、债务压力增大、金融脆弱等风险。尤其是美国等主要经济体增速走低将减少对新兴市场和发展

中经济体的外需，新兴市场和发展中国家复苏进程受阻，经济发展中国家面临的经济增长压力更大。此外，新兴市场疫情防控较差，一方面导致其生产较差，支撑中国出口发挥替代效应，另一方面导致大宗商品出口受阻，供应短缺和通胀问题难以在短期解决。

2. 美联储将启动加息，或将冲击新兴市场经济

考虑到疫情后美国经济有所复苏，就业压力逐步缩小，叠加通胀水平超预期高企，美联储态度逐步转向。当前美联储释放 Taper 信号，并已开始逐步减少购债规模，美国货币政策从极度宽松向加息周期转变，当前市场对 2022 年美联储加息几乎已形成共识。从历史来看，美联储收紧货币政策，新兴市场和发展中国家的经济金融体系都将承受巨大压力。一方面，美联储加息导致美债利率和美元指数上升，资金回流美国，新兴经济体的汇率贬值，新兴市场和发展中国家的外债压力加大。另一方面，美元升值导致发展中国家中的能源出口国和能源进口国出现走势分化，美元升值带动商品价格下跌，出口国经常账户恶化，本币贬值且利率被动上升，境内资产价格可能下跌。整体来看，美联储加息对外债沉重国和能源出口依赖国打击影响最强。

从当前来看，除美联储外，欧洲央行也宣布将放缓购债计划，部分发展中国家也已提前加息。为应对疫情，部分经济体采取积极财政和货币政策，负债率已明显提高，金融脆弱性加大，新兴市场和发展中国家经济复苏弱于发达经济体，复苏不均衡现象加重，应对美联储加息的压力较大。国际货币基金组织发布《世界经济展望》认为，发达经济体加息可能使新兴市场和发展中经济体的资本流动、货币和财政状况面临风险，可能引发金融稳定风险，并预计低收入国家中 60% 已经处于或很可能陷入债务困境。

3. 全球面临复苏失衡、通胀等风险，世界思潮可能激变

全球经济复苏失衡，落后国家与发达国家差距拉大，同一经济体内部不同阶层间差距也有走阔。全球疫情加剧的贫富不均问题引起全球社会关注，舆论界和学术界对资本主义批评逐渐增多，西方社会有保守主义倾向，左翼思想抬头。同时，疫情暴露的供应链断裂风险让美国等国家更加重视完善自身产业链体系，鼓励制造业回流，从发展高附加值服务业转向避免实体产业空心化，甚至出现"逆全球化"迹象。世界贸易分工体系可能出现大变局，基于比较优势的贸易理论和分工理论可能遭受冲击，全球经济效率的帕累托改进受阻。

经济动荡与思想变化相互交织，世界思潮变动苗头逐渐显现，诸多不稳定因素加剧社会变局。例如乌克兰危机可能长期影响俄国与欧洲、美国的关系，地缘政治冲突加剧；德、法等发达国家和拉美、非洲等发展中国家领导人更替，新的政治不稳定因素增多；中美两国竞争关系加剧国际社会"修昔底德陷阱"担忧，中美博弈具有长期性。此外，世界依旧面临滞胀或衰退风险，疫情反复导致私人消费边际走弱，预防性储蓄倾向上升，企业投资预期和动力相对悲观。刺激政策导致债务率上升压缩政策空间并提升金融系统不稳定性，救助政策导致美国劳动参与率下降，劳动力市场出现扭曲。供应短缺和贸易成本高企问题仍未解决，集装箱"有去无回"，航运体系出现混乱。新冠肺炎疫情蔓延风险依旧存在，供应链断裂导致的供需错位与流动性激增导致全球通货膨胀压力较大，"工资—物价"螺旋苗头显现。经济增速较高时，诸多社会风险和发展问题得以掩盖，但在全球经济走弱背景下，问题逐渐暴露，世界思潮激变与力量冲突风险上升。

（二）中国经济"以稳为主"，发展结构向高质量转型

1. 中国经济以稳为主，实体经济稳步复苏

第一，从各项经济指标来看，当前整体经济增速已逐步回归疫情前潜在水平。尽管受到疫情反复等因素的制约，但供给端企业生产投资可顺利开工，政策加码将进一步激发需求端活力。从物价水平来看，PPI已边际回落，对中下游企业成本压力逐渐减少，CPI保持基本平稳。世界银行预计，2022年和2023年中国经济增速为5.1%和5.3%，维持较高增速，且展望向好。从金融指标来看，社会融资规模作为经济领先指标显示，中国经济已在逐步企稳，伴随货币政策降低存款准备金率和MLF利率，宽货币逐渐传导至宽信用，社会融资转暖支持实体经济稳步发展。

第二，从政策面来看，中央经济工作会议指出，面对百年变局、世纪疫情和应对需求收缩三重压力，经济工作要"稳字当头、稳中求进"，再次强调"以经济建设为中心"。截至本报告发文，多个省级地方两会工作报告紧跟中央政策定调，已明确将"稳增长"作为2022年重点工作目标，部分省份也细化了固定资产投资目标增速、社会消费品总额目标增速和工业增加值目标增速。除个别省市外，诸多省市均将2022年经济增速目标设置在5.5%以上，中西部省市目标则在6%—7%之间，海南目标高达9%，大部分省市下调了GDP目标增速，但仍维持在中高速增长区间。中国经济回旋余地大，政策空间足，享有社会主义体制优势，政府稳增长决心大，多项政策将保障经济金融大局稳定，迎接党的二十大顺利召开。

2. 制造业投资平稳增长

制造业投资平稳复苏，新能源、新技术、新业态等经济增长新动能逐渐涌现。2021年投资分项中，制造业投资增速高于基建投资和房地产投资，消费和外需发展势头较好，制造业大

局稳定，工业成为对 GDP 增长贡献最多的因素。2022 年中国仍将保持制造业稳定发展态势，并加大信贷资源、税收条件等政策支持力度，呵护制造业发展。新经济方面，近年来相关产业工业增加值增速持续高于整体增速，新经济发展保持高景气，尤其是光伏、风电等为代表的新能源产业，电动车、新型电池、虚拟现实、半导体等为代表的新业态和新技术不断取得突破和高速增长，以"碳中和"和"碳达峰"为目标的绿色发展模式也已在路上。政策方面，国家推出"专精特新"小巨人计划，科创板、北交所等多层次资本市场建立支持科技企业创新发展。中国经济正逐渐从强调"量"的增长转向注重"质"的发展，制造业向中高端转型升级。

3. 传统基建和新基建均有广阔空间

第一，中国传统基础设施建设领域仍有增长空间，"十四五"期间将强化交通、能源、水利等基础设施建设。有观点认为，中国基础设施已实现长足发展，目前发展空间已不大。事实上，根据世界经济论坛发布的《全球竞争力报告（2019）》，中国基础设施世界排名为第 36 位，低于美国、日本、德国、新加坡等发达国家。虽然中国铁路、高速公路等建设规模庞大，但在建设密度、运营效率等方面较发达国家仍有差距。同时，中国机场数量、航运效率、港口服务效率方面较美国等发达国家都有明显的提升空间。此外，中国基础设施在东中西部、城乡之间分布不均衡的问题较为突出，经济落后区域仍有基础设施短板问题。适度超前的基建有助于奠定经济发展的基础，提升长期经济竞争力，且在巩固脱贫攻坚成果与乡村振兴有效衔接的进程中，传统基础设施建设仍大有可为。"十四五"规划指出，要从建设交通强国、构建现代能源体系、加强水利基础设施建设等方面着手建设现代化基础设施体系。中央经济工作会议指出经济要"以稳为主"后，多省市公布 2022 年重点项目投资规模和方向，总投资规模已超 3 万亿元。

第二，稳增长须基建投资发挥重要作用，新基建可兼顾跨周期和逆周期。一直以来，拉动投资是稳增长的重要抓手。其中，制造业投资主要由广大微观主体市场化决策，政策可一定程度干预，但无法直接主导。地产投资在"房住不炒"背景下，现已度过"黄金年代"，坚决不以地产作为短期刺激经济的手段。基建投资主要由中央政府、地方政府、国有企业，尤其是地方政府融资平台承担，体现明显的政府意志，是政府对冲经济下行风险的重要抓手。值得注意的是，基建高歌猛进背后蕴藏了债务高企的高杠杆风险。以基建拉动经济既要兼顾短期经济稳定，又要避免政策刺激后遗症。在此背景下，补齐传统基建空间的同时，新基建将成为基建的长期发展方向，加大在5G基建、特高压、城际高速铁路和城市轨道交通、新能源汽车充电桩、大数据中心、人工智能和工业互联网等领域的投入力度，着力打造信息基础设施、融合基础设施和创新基础设施。发挥新基建的引领作用，一方面在短期形成固定资产投资，扩大短期需求，助推经济稳增长，另一方面在长期形成新供给，助推出现制造业和消费新业态。

第三，2022年基础设施建设有望发力，支撑经济稳定复苏。中央经济工作会议提出适度超前开展基础设施投资，基建投资有望提前发力。国家发改委于12月表示将抓紧完成拟发行专项债项目前期工作，督导专项债尽快发行，推动专项债券尽快形成实物工作量，财政部提前下达2022年地方政府债务限额，其中新增专项债务限额1.46万亿元已经下达至地方，积极扩大有效投资。从地方层面来看，上海提出争取上半年完成全部专项债发行工作。超过一半的省级地方政府在两会工作报告中提及，2022年固定资产投资增速目标高于2020年和2021年两年平均增速，并在传统基建和新基建领域部署了重点发力方向，补齐能源、交通、水利等传统基建缺口，加大新型基础设施建设和新兴技术产业孵化升级。

4. 地产调控政策边际调整，房地产业以稳为主

中央经济工作会议强调，"因城施策促进房地产业良性循环和健康发展"。一方面，调控政策要求保施工、保交房，部分城市出台多种政策提振商品房销售，推动实现"稳地价、稳房价、稳预期"。另一方面，金融政策边际松动，银保监会要求"合理发放房地产开发贷款、并购贷款"，银行间交易商协会召开房地产企业代表座谈会，支持符合房地产调控政策的企业在银行间市场融资。房地产信贷政策和公开市场融资有所回暖，资金链压力边际缓解。房地产业平稳发展，长效机制将逐步完善，满足居民真实地产需求，推进保障性住房建设，建立地产长效机制，地产投资增速可能由负转正。

此外，下半年曝出恒大事件债务违约，境外美元债估值大跌，海外对地产债务风险的担忧情绪浓厚，但恒大债务违约并非中国版的"雷曼时刻"。一是恒大风险来源于盲目扩张背景下的流动性断裂，高额负债下仍有一定资产支持。个体风险依旧可控、可解决，并未出现美国次贷危机中的不良资产打包证券化和风险层层传染。二是中国具备体制优势，政策储备充足，市场回旋余地大，能有效防范风险传染，不会出现风险大面积扩散。三是通过恒大债务违约和相关处置，释放了积极信号，可敦促房地产业加强流动性管理，提升业务规范性和前瞻性，实现良性发展。

5. 海外需求边际回落，更多依托内循环实现经济增长

目前疫情持续强度和持续时间尚不明朗，但可以确定，随着全球疫情防控持续推进和医疗资源持续投入，新兴市场和发展中国家疫情也终将得到控制。随着疫情影响在未来逐渐消退，境外各国生产能力恢复，对中国出口形成替代，海外需求可能有所回落。当前，中国供给水平高于需求水平，主要因为外需缺口。一旦外需缺口填补，内需不足，供给惯性可能导致供大于求，出现短期经济失衡。中国经济需要未

雨绸缪，多措并举支持消费扩大、制造业发展，补齐基建投资并稳定地产投资。

五 强化财政货币政策协同，兼顾 逆周期和跨周期调节

（一）经济"稳增长"须财政货币等政策积极发力

当前，中国面临疫情反复与全球政经格局动荡风险，体制性、结构性、周期性问题尚未完全解决，经济增长可能低于潜在经济增速。此外，中国宏观杠杆率居高难下，资本效率逐渐降低，发展逐渐到达有效技术前沿，并面临美国等西方经济国家的经贸和技术打压，基建、地产为主的旧经济增长模式难以持续，中国经济需要转向以科技创新作为主要动能的新经济增长模式。在经济模式转换过程中，原有模式"退位"，但新模式暂时未能及时完全"补位"，经济可能面临失速的阵痛期。人民银行调查统计司测算 2021—2025 年中国潜在产出增速分别为 5.7%、5.5%、5.5%、5.3%、5.1%，本课题组测算 2021 年至 2025 年 GDP 年化增速约 5.5%，但中国第三、第四季度复合增速分别为 4.9% 和 4%，2021 年经济平均增速为 5.1%，阶段性暂时低于潜在经济增速。在高速增长阶段，巨额经济增量可掩盖或延后问题，增速换挡后，部分深层次问题和难啃的硬骨头将逐渐暴露，经济社会稳健发展面临挑战。同时，为保证 2035 年实现经济总量或人均收入翻一番的目标，未来十几年中国经济须实现一定的增速水平，当前和未来一段时间稳增长压力增大，需要多措并举扫除影响经济增长的机制障碍。尤其是结合第四季度宏观经济形势，需求不足与供需错配成为当前经济的主要矛盾之一，亟须加强货币政策与财政政策的协同，拉动经济有效需求，推动经济稳定增长。

（二）协调联动是保障财政政策与货币政策稳健有效的必要举措

第一，为应对当前宏观经济形势和解决中长期问题，要求以积极财政政策为主、稳健货币政策为辅。当前，中国房地产价格高企、PPI 处于历史高位、收入差距较大、宏观杠杆率居高难下，这些问题均成为货币政策发力的现实约束，制约货币政策难以承担宏观调节的主要职责。财政政策具备时滞较短、针对性更强、实施机制更直接有效的特点，更应成为稳定宏观短期需求的主要手段。例如在消费方面施行消费补贴、增值税留底退税、研发费用加计扣除、固定资产加速折旧等财税政策，配合以中小微企业优惠信贷等金融工具，真正惠企利民，刺激消费；在投资方面，建立财政资金"一杠子到底"直达市县基层机制，支持高端制造等先进产业发展，完善传统基建和新基建；在进出口方面，完善出口退税相关政策设计，依托国内经济大循环体系，充分吸引调动境内外要素和市场。此外，构建长期增长新动能、实现经济跨周期治理更应偏重财政政策。货币政策以总量调节为主，对结构性问题和体制性问题触及较浅。财政政策可发挥定向支持作用，促进经济结构调整，以经济手段扫除制约经济长期发展的体制机制障碍，支持重点领域和薄弱环节发展，矫正经济主体激励，推动经济高质量增长。

第二，货币政策应灵活适度，为财政政策积极发力营造良好流动性环境。为规避财政政策挤出效应和其他后遗症，货币政策应灵活配合，维持适宜的利率环境，提高实体经济对金融资源的可得性。测算表明，中国长、短期财政乘数均显著大于 1，即货币政策能在财政政策积极发力时协调配合，相对抑制名义利率涨幅，规避挤出效应，并使实际利率下降，拉动居民消费和私人部门投资。具体来看，货币政策对财政政策的配合集中反映在几个方面。一是国债、地方债市场。国债、地方债是弥补财政赤字的重要手段，尤其是国债也是央行调控货币供给的回购工具和基准收益率曲线品种，两大政策协调联动能提升国债、地方债管理的科学性，避免国债、地方债发行兑付时的流动性冲击。二是国库现金管理。财政资金的入库和划拨需要通过银行体系实现，资金规模的政策变动和季节性变化会对社会流动性产生重要影响，两大政策应相互协调保障国库管理平稳有序，社会资金合理充裕。三是财政贴息、税收减免等政策。财政贴息、税收减免等政策工具是财政与货币调控的结合点之一，引导金融资源和财政资源加大对实体经济特别是小微企业、科技创新、绿色发展的支持，推动结构性政策目标的实现。

（三）政策协调联动要统筹兼顾逆周期和跨周期

第一，跨周期设计并不是否定和取代逆周期管理，要在中长期宏观视野下发挥政策稳定短期宏观经济的作用。中国经济下行压力有周期性因素，但更多是结构性和体制性问题，完善宏观经济治理需要逆周期和跨周期相结合。逆周期着眼于周期性问题，以"相机抉择"对冲宏观经济波动，弥合产出缺口和通胀缺口。但这可能掩盖结构性和体制性问题，并遗留通货膨胀、产能过剩、债务风险等副作用，往往需要下一轮经济周期来消化上一轮经济调控的后遗症。随着中国改革步入深水区，面临的困难更多是中长期问题，应将逆周期调节升级拓展为跨周期管理，着力解决经济增长根源性问题，减少短期政策消化期，使得宏观政策更加平滑，推动经济增长曲线以短期较小波动实现长期稳定向上。同时，考虑到当前中国经济稳增长压力较大，面临疫情反复、世界经济疲软等不确定性，要兼顾重要性和紧迫性，对于解决短期困难具有不可替代作用的"逆周期"调节依旧要活跃于政策舞台。要避免短期需求政策过早退出，并允许经济稳定政策尽早发力。要以逆周期为基础，为解决经济长期问题谋求稳定适宜的宏观环境，为改革发展模式、解决深层困难创造战略窗口期。

　　第二，财政政策和货币政策应不局限于"凯恩斯主义"逆周期调节效应，要协调联动发挥综合性机能并实现跨周期管理。财政政策具有微观结构调整功能，结构性货币政策框架的提出也一定程度弥补了货币政策重宏观总量、轻微观结构的不足，强调了定向支持作用。两大政策应超越需求侧调控和总量视角，以供给侧结构性改革为主线，"跨周期"构建经济在中长期高质量发展的新动能，推动产业结构优化升级，提高供给质量。微观方面，结构性减税、转移支付、信贷定向支持相结合，强化经济微观单位和个体细胞，提升企业升级能力，推动中小企业提升专业化优势，引导民营企业向"专精特新"方向发展，培育"小巨人"企业和制造业单项冠军。结构方面，加大财税、信贷、直接融资等政策支持力度，实施产业基础再造工程，加快构建自主可控、安全稳定的产业链、供应链，引导产业链关键环节留在国内，并培育先导性和支柱性产业，支持新基建、新能源、数字经济等重点领域发展。科技方面，要重点安排信贷、税收、资产管理、政府采购、资本市场等支持科技创新和结构调整，并发挥国家信用"四两拨千斤"的杠杆作用，引导建立国家科技成果转化引导基金和政府投资基金，形成财政金融、民间资本、科研院所等的多元投入格局。区域方面，通过加大转移支付和定向金融支持来缩小区域间的公共服务水平差距，并发挥区域优势，因地制宜发展特色产业，避免产业结构趋同和产能发展过剩。

　　第三，政策协同联动要警惕逆周期后遗症，推动房地产业良性发展和基础设施建设提前布局。经济迈入高质量发展阶段，宏观政策更强调刺激有效需求，完善有效供给，推动产业升级和经济结构转型，刺激地产和传统基建已不再是稳增长的主要手段。中国房地产市场进入到新时期，去金融化、去土地财政，回归居住属性。政策协同坚决不以房地产作为短期刺激经济的手段，摒弃"地产—金融"的资金循环和信用创造模式。房地产业要以稳为主，引导市场预期，满足房地产企业合理融资需求，保施工、保交房，避免房地产业"硬着陆"和爆发系统性、行业性风险。要建立因城施策、城市政府主体责任的长效调控机制，完善以公租房、保障性租赁住房和共有产权房为主体的住房保障体系。此外，基础设施建设要加强收益成本的科学测算和"因地施策"提前布局。对于存在基建短板的中西部落后地区和广大农村，仍应不遗余力补齐基础设施欠账，为后发追赶打好硬件基础。在传统基建较充足的地区，要避免重复建设和政绩工程，加强基建数字化、智能化和科学化转型，提前布局新基建，适度超前在减污降碳、新能源、特高压、大数据、人工智能、工业互联网等领域加大投入，在扩大短期需求的同时增强长期发展动能。

（执笔人：闫坤　张晓珉）

参考文献

卞纯：《调查：汽车行业受供应链中断冲击最大 这两个国家或成投资新热土》，财联社，2021 年 8 月 25 日，https：// www. cls. cn/detail/820137。

樊瑞：《外卖平台用工"暗网"：160 万骑手成了个体户却不自知》，《财经》2021 年 10 月。

闫坤、汪川：《2021 年第二季度我国宏观经济与财政政策分析报告》，《经济参考报》2021 年 8 月。

闫坤、汪川：《统筹把握宏观政策的连续性稳定性可持续性》，《经济日报》2021 年 1 月。

闫坤、张晓珉：《财政政策和货币政策协调联动有助于跨周期调控》，《中国经济时报》2022 年 1 月。

张茉楠：《第三次全球经济大冲击的判断及对策》，《经济要参》2020 年第 14 期。

郑永年：《大变局中的机遇：全球新挑战与中国的未来》，中信出版社 2021 年版。

《OECD 下调全球经济增长 0.1% 至 5.7%，预计 2021 年中国经济增长 8.5%》，澎湃新闻网，2021 年 9 月 23 日，https：// m. thepaper. cn/baijiahao_ 14639543。

国际货币基金组织（IMF）：《世界经济展望》2021 年 10 月。

国际货币基金组织（IMF）：《世界经济展望》2021 年 1 月。

国际货币基金组织（IMF）：《世界经济展望》2021 年 4 月。

国际货币基金组织（IMF）：《世界经济展望》2022 年 1 月。

国际货币基金组织（IMF）：《中国：2020 年国别报告》2020 年11 月。

联合国贸易和发展会议（UNCTAD）：《2020 贸易和发展报告》2020 年 9 月。

人民银行调查统计司课题组：《"十四五"期间我国潜在产出和增长动力的测算研究》，中国人民银行工作论文，2021 年3 月。

世界经济论坛（WEF）：《2022 全球风险报告》2022 年 1 月。

世界银行（WB）：《全球经济展望》2022 年 1 月。

Bayer C，Luetticke R，Pham-Dao L，Tjaden V. "Precautionary Savings, Illiquid Assets, and the Aggregate Consequences of Shocks to Household Income Risk", *Econometrica*, Vol. 87, No. 1, 2019.

Campbell K. M., andDoshi R. "The Coronavirus Could Reshape Global Order", *Foreign Affairs*, March 18, 2020.

Challe E, Matheron J, Ragot X, Rubio-Ramirez J. F. "Precautionary saving and aggregate demand". *Quantitative Economics*, Vol. 8, No. 2, 2017.

"Global Supply Chains are still a Source of Strength, not Weakness", *The Economist*, April 3rd 2021.

InternationalLabour Organization. "World Employment and Social Outlook 2021：The role of digital labour platforms in transforming the world of work", February 23, 2021.

10. Woetzel, J. Seong, N. Leung, J. Ngai, L. Chen, V. Tang, S. Agarwal, B. Wang, "Reskilling China：Transforming the world's largest workforce into lifelong learners", *McKinsey Global Institute*, January 12, 2021.

McKinsey Global Institute，"China and the World：Inside the Dynamics of a Changing Relationship"，July 2019.

United Nations Industrial Development Organization，"World Manufacturing Production：Statistics for Quarter II 2021"，October 4，2021.

闫坤（曾用名：阎坤），女，1964 年生，经济学博士、管理学博士后。主要研究领域是宏观经济与财政理论。曾多次赴日本、美国、法国、德国讲学。现任中国社会科学院日本研究所党委书记、二级研究员、博士生导师。中国社会科学院城乡发展一体化智库副理事长、中国财政学会常务理事、"新世纪百千万人才工程"国家人选，享受国务院政府特殊津贴专家。

近年来，多次承担国家社科基金课题和中国社会科学院重点课题，已出版专著《中国县乡财政体制研究》等 6 部，合著《公共支出理论前沿》等 18 部，在《中国社会科学》《经济研究》《管理世界》等学术杂志上发表论文 200 余篇，并荣获第五次全国优秀财政理论研究成果一等奖、第二届全国青年优秀社会科学成果论文奖、中国社会科学院第二届、第十届优秀科研成果奖、财政部优秀论文一等奖、2015 年度邓子基财税学术论文一等奖、财政部"中国财政与改革开放 30 年征文"专题论文一等奖等多种奖项。